Colección Filosofía y Teoría Políticas

dirigida por Fabián Ludueña Romandini

La pregunta por el sentido de la política,
su alcance, su tradición y sus posibilidades
ha sido fundamental en las más diversas culturas.
La presente colección busca interrogarse sobre
el fenómeno de lo político atendiendo a
la pluralidad de perspectivas históricas y escuelas
teóricas. En igual medida, la política se encuentra
en asiduo contacto con otros saberes y prácticas
de cuya variedad también se querrá dar cuenta.
En la línea del legado de Hannah Arendt,
se trata de que los libros vayan tejiendo la trama
de investigaciones que, al mismo tiempo,
permita pensar en un nuevo mundo público común
frente a los desafíos crecientes de la política global
en el presente siglo.

Ricardo Laleff Ilieff

El secreto de Edipo. Política y ontología lacaniana II

1ª ed. - Barcelona / Buenos Aires: Miño y Dávila editores - Junio 2024.

108 p.; 23x15 cm.

ISBN: 978-84-19830-71-5
e-ISBN: 978-84-19830-72-2
Depósito legal: M-14078-2024

Edición: Primera. Junio 2024
Lugar de edición: Barcelona, España / Buenos Aires, Argentina

ISBN: 978-84-19830-71-5
e-ISBN: 978-84-19830-72-2
Depósito legal: M-14078-2024

THEMA: QD [Philosophy]
BISAC: PHI000000 [Philosophy]
WGS: 520 [Humanities, art, music / Philosophy]

Ilustración de portada: Papyrus Oxyrhynchus 1369 Bridwell Papyrus 4 Sophocles,
Oedipus the King
Diseño: Gerardo Miño

Página web: www.minoydavila.com

Mail producción: produccion@minoydavila.com
Mail administración: info@minoydavila.com

Dirección postal: Miño y Dávila s.r.l.
Tacuarí 540.
(C1071AAL), Buenos Aires
Whatsapp (+54 9 11) 6226-7681

Ricardo Laleff Ilieff

El secreto de Edipo

Política y ontología lacaniana II

MIÑO y DÁVILA
◆ E D I T O R E S ◆

Índice

Agradecimientos 9

Prólogo 13

Introducción... 23

Capítulo 1: El conocimiento de la obra................................. 29

Capítulo 2: El saber del héroe 41

Capítulo 3: El medio-decir de la verdad............................... 55

Capítulo 4: Tiresias 69

Capítulo 5: Creonte... 83

Epílogo.. 99

Bibliografía 103

Agradecimiento(s)

Se dice que todo libro es colectivo, que no se hace en soledad. Eso no es del todo cierto. La escritura siempre es solitaria, aunque haya personas e instituciones que la posibiliten, que abriguen sus pensamientos y hasta colaboren en el financiamiento, diseño, encuadernación y posterior distribución y diseminación del ejemplar. En el caso particular de este ensayo, no son tantas y, sin embargo, representan algo más que una lista, por más larga o corta que sea. De modo que proveer aquí una terminaría siendo tan injusto como impersonal. Es mejor, por tanto, evitar el exceso de puntos y de comas que las caracterizan y no fragmentar lo que, en definitiva, termina operando como una línea, quizás oblicua, que logró proyectarse, por esos mismos apoyos, buscando un afuera.

Debo admitirlo: con estas palabras no hago más que confesar mi incapacidad para decir bien la bondad de otros, esto es, para poder estar a la altura de la bondad de otros. Hay deudas que son infinitas. Tiendo a creer que en ocasiones semejantes, cuando se pone tanto intentando decir algo, únicamente un dispositivo ficcional podría representarlo bien, dar cuenta de lo que realmente significa agradecer. Solo un artificio borgeano podría hacer de la enumeración el signo de la infinitud, proveer, incluso, un paisaje múltiple y simultáneo que reúna cada recoveco de compañía y estimulación. Me contento con pensar que aquellas y aquellos implicados saben de mi incalculable gratitud, cariño y respeto.

Sin ánimo de deshacer lo dicho, sino acaso buscando reafirmarlo, me permito señalar que en tiempos como los de este presente, en los que se ambiciona abatir las experiencias que hacen a una nación, dos instituciones pueden ser evocadas –y a través de ellas, otras–, pues estoy seguro de que son lo que llamamos –con tanto esfuerzo y obstinación– "comunidad": el Instituto de Investigaciones Gino Germani de la Facultad de Ciencias Sociales de la Universidad de Buenos Aires y el Consejo Nacional de Investigaciones Científicas y Técnicas (CONICET).

El futuro es nuestro, por prepotencia de trabajo.
Crearemos nuestra literatura, no conversando
continuamente de literatura, sino escribiendo
en orgullosa soledad libros que encierran
la violencia de un "cross" a la mandíbula.
Sí, un libro tras otro, y "que los eunucos bufen".
El porvenir es triunfalmente nuestro.

Roberto Arlt, prólogo a *Los lanzallamas*

Se trata de ver cómo un escritor inventa su
tradición, cómo la construye a partir del lugar
desde el cual escribe y cómo lee desde ahí.
Esa lectura es, por lo tanto, una guerra.

Ricardo Piglia, *Las tres vanguardias. Saer, Puig, Walsh.*

Prólogo

¿**C**uál es el secreto que anima el uso político de los secretos? Esa es, precisamente, la pregunta que este libro busca dejar de lado para pensar la relación entre secreto y política.

En el año 2018 publiqué un artículo en el que esbocé los lineamientos principales de esta apuesta interpretativa. Allí me propuse leer *Edipo rey* revisando algunos de los estudios especializados en su trama[1]. Si bien sabía que esa estrategia implicaba intervenir con un gesto de marcado cuño contemporáneo, procuré ser fiel al carácter inagotable y múltiple de los mitos antiguos, ser respetuoso de su función en el mundo griego, conservando aquello que le dio vida a una expresión única como lo es la tragedia. Argumenté en aquellas páginas que la mencionada obra de Sófocles podía ser entendida como una pieza sobre el secreto, o mejor, como una pieza que interroga el vínculo entre secreto y política.

De este modo, emprendí una senda analítica bien distinta de aquellas que se han ocupado de requisar las diversas formas y modos de los arcanos a lo largo de los siglos[2]. Mi intención

---

1. Me refiero al artículo "La política en el secreto. Reflexiones a partir de lecturas contemporáneas de *Edipo rey*", publicado en 2018 en *Araucaria. Revista Iberoamericana de Filosofía, Política y Humanidades*, año 20, n. 39. Le agradezco al editor de la publicación, el Dr. Antonio Hermosa Andújar, por permitirme replicar aquí algunas consideraciones.

2. Como ejemplo de esta estrategia, véase el trabajo de Senellart (2003).

lejos estaba de registrar las variedades del secreto en el poder o enlistar sus justificaciones; pretendía, más bien, circunscribir su estatuto teórico-político. Es que si tal como se verifica en los testimonios de distintos pensadores de la Antigüedad hasta nuestros días, y en los estudios de diversos especialistas del ámbito de las humanidades y las ciencias sociales, existe una variedad para nada exigua de configuraciones políticas del secreto, ¿no valdría acaso la pena explorar lo que posibilitó desde entonces tal serie?

Al revisar esa suerte de trinidad que parece representar buena parte de los estudios contemporáneos sobre la vida del conocido gobernante de Tebas –es decir, el tipo de conocimiento que expone la historia, el saber que exhibe el protagonista y la configuración de poder que este detenta–, ofrecí como hipótesis de lectura que *Edipo rey* indica menos una relación técnica con el secreto que un vínculo sustancial, si se quiere primario. Sostuve que sus versos alumbran algo de lo político en tanto tal. Visto de este modo, la pluma de Sófocles no destaca la política del secreto –o una determinada política que se vale de la opacidad de los secretos–, sino la política *en* el secreto. Lo que significa que la política nace del secreto. Dicho así, el secreto se constituye como una rendija ontológica, e invierte su figuración técnica[3].

Mi lectura sobre estos aspectos de la historia de Edipo ameritaba unas cuantas páginas adicionales de las que el formato de un artículo científico podía proveer. Los *papers* sirven para cifrar algunos interrogantes, señalarlos, y obsesionarse con deshilvanar algunos hilos que anuncian nuevos trabajos. Aunque el problema no era meramente cuantitativo, había quedado pendiente desplegar ciertas mediaciones que clarificaran la relación de la política con el secreto; establecer algunas precisiones que fueran más allá del modo singular en que el secreto aparece en la historia del parricida más famoso. Así, mi hipótesis excedía necesariamente el terreno del comentario o el ejercicio de requisar ciertas polémicas contemporáneas en torno a dichos versos. Mi libro intitulado *Poderes de la abyección* –publicado en 2022, pero escrito dos

---

3. Lo que no niega que la obra en cuestión pueda ser entendida como un "enigma" (Vernant, 2002). De hecho, un poco más adelante, explicitaré que esa caracterización puede ser útil en la medida en que aluda al vínculo entre saber y verdad.

años antes– me permitió retomar con nuevos bríos este asunto. Quisiera ser sincero sobre el espíritu de este recorrido que he efectuado en los últimos años de mis investigaciones: el tópico del secreto fue, desde un comienzo, su verdadero catalizador; se encontraba en la base de una reflexión sobre los modos de ubicar cuestiones políticas que, más allá de sus sublimaciones, surcan aspectos de eso que llamamos "realidad".

Así, en aquel primer libro de la saga, me ocupé de recorrer una serie de asuntos que jalonan al pensamiento contemporáneo –el "sacrificio", la "guerra", la "unidad"– desde una visión lacaniana. Si bien no considero que toda reflexión política deba precisar los rasgos de su matriz ontológica, sí creo que, para ser conducente, debe imponerse una posición acorde a sus premisas. Asumo con franca humildad que no he pretendido con ello adentrarme en la severa cuestión del método, solo remarcar una búsqueda en torno a los modos de leer la política y no solo su literatura específica –si es que esta existe–. Al apelar a los registros lacanianos de la experiencia –lo real, lo simbólico, lo imaginario– he querido remarcar que la teoría política debe atender a la singularidad de los discursos, debe comprender cómo se anudan estos elementos en la historia, cómo se construyen las narraciones que forjan y se forjan en las oquedades de lo simbólico. *El secreto de Edipo* es un libro confeccionado para continuar con esa empresa sobre lo que significa leer el mundo desde la teoría política. Desconozco hasta dónde o hasta cuándo será posible proseguirla con Lacan, pero creo poder afirmar que plantea una cadencia fructífera para la discusión.

Este libro puede ser tratado como el prolegómeno de aquel sobre la abyección, aun cuando, en muchos aspectos, signifique una clara continuación de este y una variación de aquel artículo de 2018. Como es evidente, no estoy en condiciones de imponer un orden correcto a la lectura. No hago sino con ello replicar el movimiento interno que creo reconocer en la saga, visualizando cierto bucle de reflexiones que se despliega en un vacío, buscando atender y repensar sus apoyos provenientes de diversos discursos sobre lo político. Dicho esto, me veo obligado a precisar –aunque de manera muy breve– un punto adicional. Quisiera definir la propia visión de Lacan sobre la ontología. No desconozco que entre sus lectores especializados existen marcadas y contradictorias posiciones al respecto. Como no pretendo aquí abordarlas todas, ni tampoco saldar un debate, solo especificaré en qué sentido considero factible encontrar en su obra una serie de precisiones útiles. Para ello es menester primero asumir un dato incontestable: Lacan se burlaba del pensamiento ontológico. ¿Cómo es posible, entonces, hablar de una "ontología lacaniana"? Comenzaré mi respuesta evocando el decir de Alfredo Eidelsztein.

Para este psicoanalista argentino, movido por la intención de mostrar una lectura de Lacan distinta de la de su yerno y albacea Jacques-Alain Miller, se trata de resaltar las diferencias que el célebre pensador introdujo en relación con la obra de Freud. De hecho, para Eidelsztein, entre ambas figuras del psicoanálisis existe una radical separación. Mientras que Freud despliega sus consideraciones a partir de una visión atravesada por el biologicismo –una visión que lo lleva a remarcar al cuerpo como escenario de la pulsión–, Lacan impulsa una clínica que imposibilita afirmar una verdad que no sea ya terreno de lo simbólico y, por lo tanto, una no-verdad o una verdad a medias. De modo que, en la lectura de Eidelsztein, la pulsión, a diferencia de lo comentado por Freud, se encontraría siempre ya imbuida de lo simbólico y ajena a un magma natural o químico.

Como adelanté, esta perspectiva se opone abiertamente a la de Miller, hegemónica en el campo lacaniano. Incluso discute la posibilidad de distinguir, tal como ensayó Louis Althusser (1967) sobre la obra de Karl Marx, distintos períodos de la enseñanza de Lacan[4]. Como es sabido, para Miller (2013) existe un Lacan que primero estuvo preocupado por lo "imaginario", luego por lo "simbólico" y, finalmente, un "últimísimo" Lacan concentrado en lo "real". Eidelsztein entiende que esta propuesta incurre en un grave error, que no es solo de orden epistemológico: al efectuar una equivalencia entre lo real y el cuerpo a partir de la noción de *jouissance,* modifica la dirección de la cura planteada por Lacan.

---

4. El gesto análogo no es casual: Miller fue discípulo del mencionado filósofo comunista. Pero lo interesante de esto es que Althusser y Lacan plantearon cierta equivalencia en sus disputas teóricas: "retorno a Marx", por un lado, contra el economicismo vulgar, "retorno a Freud", por otro, contra la psicología de la época. Debo la pertinencia de esta aclaración a Mandela Muniagurria.

Así, para el analista argentino, Miller propone una equivocada concepción del nudo privilegiando un registro por sobre la idea misma de anudamiento. En consecuencia, los lacanianos que se guían por estas coordenadas no harían otra cosa que reactivar el biologicismo presente en Freud, el cual Lacan procuró combatir allí cuando se anotició de los múltiples problemas presentes en la obra del padre del psicoanálisis.

En consecuencia, en el Lacan de Eidelsztein, la *jouissance* no proviene de una dimensión pre-simbólica o natural, tal como yo mismo he discutido en *Poderes de la abyección* apelando a Julia Kristeva y Judith Butler. De ser así, la dimensión clínica solo debería elucidar un modo particular de hacer con la *jouissance* –un modo de hacer aislado–, renunciando a problematizar el efecto del Otro y sus discursos, los cuales generan padecimientos e identificaciones mortificantes para los sujetos. Se trataría de una terapia que conduciría a un rayano individualismo y, si se quiere también, a un nihilismo que desancla lo individual de lo social[5]. Lo que quisiera retener de esta novedosa lectura sobre Lacan es que permite mostrar una absoluta primacía del anudamiento por sobre la relevancia de algún registro en solitario. Alenka Zupančič (2008), en un interesante trabajo, postula algo similar al pronunciarse sobre una dimensión anti-atomista en Lacan.

Para la oriunda de Eslovenia, lo simbólico se encuentra siempre operante, de manera que no puede ser obviado ni desconocido el malestar que existe en la *jouissance,* producto de lo que no anda bien en la cultura. Sin embargo, a diferencia del argentino, Zupančič no encuentra en la noción freudiana de libido –antecedente de la noción lacaniana de *jouissance*–, un resabio biologicista, muy por el contrario; arguye que con el pequeño objeto *a,* Lacan pudo tematizar lo que Freud no llegó a pensar acabadamente. Es decir, Lacan no hizo sino continuar el proyecto de Freud.

Más allá del debate sobre el espíritu de la obra freudiana –cuestión que no pretendo liquidar aquí–, la mención sobre el tipo de relación que Lacan entabló con Freud muestra que en el juicio de Zupančič ya está operando el desplazamiento ontológico del nudo borromeo; esto es, el desplazamiento que he ilustrado

---

5. Lo que muchas veces conlleva una fetichización del término "singularidad".

en el primer capítulo de *Poderes de la abyección* al referirme a la noción freudiana de lo ominoso y la lectura lacaniana de este asunto desde la angustia. Para ser más claros, en la lectura de Zupančič sobre el vínculo Freud-Lacan ya está el gesto rupturista del francés como premisa, más allá de si la propia Zupančič lo haya o no notado. Estos considerandos adentran el análisis en la posición que Lacan tenía sobre la ontología.

El pensador nacido en París supo burlarse de tal cuestión en distintos seminarios que impartió a lo largo de su trayectoria. Muestra de ello son sus invenciones de irónicos neologismos: "*hontologie*" (Lacan, 1997; 2012) –en un claro juego de palabras con los vocablos franceses "*ontologie*" y "*honte*", que significan "ontología" y "vergüenza"– y "*ontotautologie*" (Lacan, 2018) –que remite al término "tautología"–. Siguiendo en este punto a Alain Badiou (2022), quisiera señalar que la mordaz crítica de Lacan a la ontología debe ser inscrita en el marco de su visión "antifilosófica". Esto permitirá retomar, un poco más adelante, lo expresado por el propio Eidelsztein, y pensar la "anti-ontología" lacaniana como una ontología de nuevo tipo.

Para Badiou, Lacan asumió un talante "antifilosófico" al pretender establecer una visión contraria a la metafísica tradicional; tradición que, por otro lado, él mismo no dejaba de revisitar, buscando romper con algunos de sus presupuestos. En particular, Lacan criticaba la disposición de los filósofos a afirmar la verdad, como la de los psicoanalistas a rechazar medirse con los avatares de otros discursos, entre ellos, el de la filosofía. Así, Lacan le señalaba a los primeros la imposibilidad de establecer un decir sobre la verdad, subrayando la deuda que toda filosofía tenía con el estatuto de lo real, mientras que a los segundos –sus alumnos y colegas– les indicaba la necesidad de situar correctamente qué premisas epistemológicas debían guiar la práctica analítica. En ese marco, Lacan apeló a la matemática –en especial a la formulación de matemas– a fin de ilustrar el problema de la verdad, que no era otro que el de circunscribir adecuadamente la insistencia de lo real a inscribirse ante la ausencia de sentido y de afirmación última –es decir, la propia oquedad de lo simbólico–. De modo que, para la visión lacaniana, "verdad" y "sentido" se anudan por accionar del saber; accionar que es una operación que tapona el vacío, tal como lo han hecho la filosofía y –como bien dijo Martin Heidegger– la teología tiempo atrás, pues ambos discursos se han ocupado de postularse como encarnaciones del "discurso amo"[6]. Esta postura, decididamente antifilosófica de Lacan, permite explicar su convencimiento acerca del "no-ser".

Para Lacan, no solo no hay "verdad-toda", sino tampoco sujeto que pueda reencontrarse con ella; mucho menos apelando a un núcleo íntimo o recóndito de sentido. Y es aquí donde la apuesta de Eidelsztein cobra particular interés para estas páginas que versan sobre la tragedia de Edipo. La "falta en el ser" que advierte Lacan, es la baliza que indica la imposibilidad de cifrar la *jouissance* en un elemento natural, corporal o biológico. La *jouissance*, por tanto, debe ser entendida como índice de un decir que es anterior al sujeto y en el que el sujeto se inscribe singularmente. La "falta en el ser" explica que el ser es sin esencia, que es un ser de la falta, que solo es-siendo-estando. Por lo tanto, lo simbólico –la ley, la palabra, el significante– no interviene cortando un magma natural, no opera reprimiendo algo ya dado por el cuerpo materno. No se trata, como hizo célebre Freud, del trauma edípico. Para Lacan, no hay nada que haya sido primero, en términos ontológicos, por ello toda su concepción gira en torno al *parlêtre* –neologismo conformado por los términos "*parler*" que significa "hablar" y "*être*" que significa "ser"– y no en torno al "ser" o al "alma". ¡He aquí, pues, su distancia decisiva con la filosofía y la ontología clásica!

Dicho esto se comprende muy bien por qué la *jouissance* no es lo real que circula en el cuerpo y aparece como síntoma debido a la intervención de lo social; es una dimensión también simbólica que revela la carencia de sentido y, por tanto, una relación compleja con lo real, *éxtima,* anudada por dentro y poseedora de un supuesto afuera. De acuerdo, entonces, al modo en que se conciban los registros de la existencia y de acuerdo también a si se parte de la idea de nudo, se desprenderá un tipo particular de clínica y, desde ya –y es esto lo que me interesa pensar– un modo

---

6. Para Heidegger (2005), la teología no asume el vacío al postular a dios como respuesta última.

de leer la política, sus conflictos y desavenencias, sus intervenciones, administraciones y puestas en jaque.

Son estas las razones que me permiten señalar que, si bien Lacan se oponía a la ontología por su obsesión afirmativa sobre el ser, su denuncia y desacuerdo con la filosofía lo llevó a plantear una nueva visión al respecto, que bien puede considerarse una ontología "negativa" (Stavrakakis, 2010) o una "no-ontología". Y esto, precisamente, emana de la posición antifilosófica que me vi en la obligación de aclarar para evitar cierto tipo de críticas al momento de pensar una ontología lacaniana de la política.

Ahora bien, mi apuesta específica al elegir trabajar una obra archiconocida de la Antigüedad, continúa con la clara preocupación manifestada en *Poderes de la abyección* sobre el decurso de la contemporaneidad política. Este gesto permite dar lugar a una reflexión ontológica sobre la política que se despliega en el infernal discurrir de la historia. De allí que no sea irrelevante postular que trataré de situar correctamente los versos de *Edipo rey* en su época y tener muy en cuenta que la obra no es solo un testimonio, sino todo un acervo para la actualidad. De modo que leeré el texto sofocleano asumiendo como posibles otras interpretaciones, pero discutiré aquellas que ofrecen un parecer demasiado cristalino sobre la relación entre saber-conocimiento-poder, sin adentrarse jamás en el problema del secreto[7]. Siguiendo aquí a Slavoj Žižek en su recuperación de los análisis de Marx sobre la mercancía y de Freud sobre los sueños, diré que el secreto de Edipo concierne ya no del "misterio *tras* la forma, sino del '*misterio*'" (2016: 40)[8] de la forma, es decir, no de un núcleo oculto de sentido, sino de la forma en la que se presenta un sentido fundamental para un determinado orden. Y en ello mi lectura teórico-política de la pieza de Sófocles recibe cierta inspiración de la lectura lacaniana de "La carta robada" de Edgar Allan Poe; lectura que indica menos la importancia del contenido o de la presencia física que la estructuración de la escena de cierto discurso.

Por ello mismo, una interpretación como la que ofrezco no hace abstracción de las manifestaciones empíricas desde una

---

7. Elías Palti (2010, 2018) ha sabido remarcar con agudeza esta cuestión.

8. Todas las bastardillas en las citas responden a las ediciones de referencia.

ontología incólume; lo político solo es siendo, solo es política. Precisamente por esto, y tal como indicaré hacia los últimos dos capítulos del libro, lo enunciado por el adivino Tiresias –su vaticinio sobre la identidad del asesino de Layo– solo puede ser considerado verdadero si se lo asume como parte de una estructura discursiva que lo aloja como tal. De allí que sea importante subrayar cuestiones próximas al problema del semblante de la verdad, esto es, que aquello que se define como "atravesamiento" de lo imaginario no implica acceso alguno a un lugar recóndito, privilegiado, pues la realidad solo puede ser concebida como "estructura de ficción" (Lacan, 2013: 176).

Visto de este modo, la política termina siendo un tipo de velamiento del que no se puede escapar y en el que estamos condenados a operar debido a lo real y *gracias* a lo real. La motivación, entonces, debería recaer sobre los tejidos que posibilitan la historia y la praxis. Con los versos de *Edipo rey* mostraré que el denominado "atravesamiento del fantasma" del que un autor como Žižek hace gala a partir de la clínica psicoanalítica –en un cruce singular con el hegelianismo y el marxismo– obliga a establecer un "fantasma" nuevo; uno que se presente como único y necesario y, por tanto, que no puede dejar de estar preso de la misma fragilidad que posibilitó su emergencia[9]. En ese proceso, la experiencia de la falta es la que opera como una obligación que muestra los límites ontológicos y que se desliza, no sin observar grandes obstáculos, hacia los interrogantes de una política atenta a la posibilidad de gestar un mundo común[10].

En las siguientes secciones del libro procuraré abocarme a sustentar esas sospechas revisando aquellas lecturas de *Edipo rey* que enfatizan la importancia del conocimiento y del saber y que afirman, curiosamente, sin valerse del secreto como vector, que tales temáticas son las coordenadas adecuadas para aprehender la riqueza de su trama.

---

9. Por tal razón, hacia los años 1970, Lacan abandonó la hipótesis del atravesamiento del fantasma como acceso primordial a lo singular y comenzó a elaborar una noción de síntoma –la de *sinthome*– atenta a cierta "desconexión" con la norma. Sobre el particular, ver: Arenas (2010).

10. Volveré sobre esto en el epílogo.

En el primer capítulo me detendré en sopesar por qué un análisis como el que propongo debe correrse de la figura del autor para luego, en el segundo, justificar que el saber de Edipo no descansa tanto en su poder sino más bien en sus límites. Para esto último me concentraré en la lectura desplegada por Michel Foucault (1999) en una conferencia de 1973 celebrada en Río de Janeiro. Retomaré de su decir la politicidad que le adjudica a la pieza sofocleana en tanto aparece leída como una historia sobre el poder, pero me apartaré de su conclusión en cuanto ella conduce a una visión que confía demasiado en lo simbólico y que deja al secreto en una consabida dimensión instrumental. De hecho, según Foucault, *Edipo rey* permite dar cuenta de un esquema de veridicción que remarca la complementariedad de los mortales y los dioses para la producción de verdad. Mi posición remarca lo contrario: su imposibilidad. De este modo, la política aparecerá ubicada en otro lado de la obra sofocleana, allí donde esa conjunción remarca una diferencia irrecuperable.

Por su parte, en el tercer capítulo, me ocuparé del problema de un núcleo de sentido último –aludiendo al problema de la traducción y la teología política– para enfocarme, finalmente, y con mayor detenimiento, en las figuras de Tiresias y de Creonte respectivamente. El primero funcionará como puente que unirá lo trabajado en los primeros apartados y lo que trabajaré hacia el apartado final, más precisamente en el capítulo donde estableceré una suerte de elogio a Creonte, en tanto es Creonte quien representa la importancia del orden para una reflexión teórico-política seria.

Introducción

Se olvida demasiado que el arquitecto,
por más esfuerzo que haga para huirles,
está hecho para eso, para construir muros.
Y los muros, a fe mía –a partir de lo que hablaba
hace un rato, tal vez el cristianismo
tiende demasiado hacia el hegelianismo–,
están hechos para rodear un vacío.

Jacques Lacan, *Hablo a las paredes.*

Edipo sabía que había matado a un hombre.

El hecho había sucedido un tiempo atrás, durante un viaje emprendido a fin de escapar de los oscuros vaticinios del Oráculo. Se trató de un episodio harto confuso y repentino y, en apariencia, recubierto por el más profundo olvido, por el más absoluto anonimato.

Edipo sabía –también– que su ingenio lo hizo merecedor del trono de Tebas.

Gracias a este pudo resolver el enigma de la terrible Esfinge, aquel monstruo que subyugó y castigó a la *polis* sin piedad ni contemplación alguna[11]. Por tener éxito allí donde otros hombres habían fracasado, Edipo logró liberar a la población recibiendo como recompensa la titularidad del poder político. Lo esperaba una mujer –la viuda del último rey– para acompañarlo en nupcias.

Estos elementos permiten avizorar un deslizamiento crucial que explica la pregnancia de la trama de la obra: el saber del héroe interroga el saber de la audiencia; la capacidad del héroe desafía su condición de asesino buscado, de criminal que debe recibir su merecido. Los condimentos adicionales son muchos y perfectos: el rey es quien ha masacrado al rey; el reconocido y

---

11. El uso recurrente que haré del concepto *polis* no remite a entender su existencia ya en el pasado mítico griego, sino a enfatizar su ubicación en el contexto trágico en el cual ese pasado fue retrabajado por la cultura.

admirado extranjero es quien le dio muerte de una manera ruin, en un entrecruce de caminos, al mayor de la casa de los Labdácidas. El rey es, en suma, un regicida.

Con todos estos gestos, el artista Sófocles muestra que sus cartas son lo suficientemente punzantes como para sostener la narración en un alto nivel de intensidad. Así, deja instalada la angustia y la zozobra sobre el desenlace de la historia con una férrea hipótesis sobre la identidad del criminal, que solo parece requerir tiempo para que sea corroborada por todos, para que descargue su dimensión absoluta y transhistórica. Pero la mayor sorpresa se produce, indudablemente, cuando los versos exhiben que la víctima es el verdadero padre de Edipo. La desventura y el asombro no pueden ser mayores. Recuérdese: la justicia divina reclama el esclarecimiento del homicidio. Los dioses saben cómo sucedió todo; los hombres y las mujeres de Tebas aún lo ignoran, aunque no completamente. Testigos diversos permitirán reconstruir la historia de un hombre y su hecho desgraciado. Es menester retener de esto que la divinidad no puede intervenir directamente en el mundo, necesita del favor de los mortales, pero los mortales necesitan de las coordenadas divinas para expulsar a la peste que está acabando con la población. Nada de esto sugiere una idea de cooperación entre los seres inmortales y los mortales.

Ahora bien, una pregunta significativa para lo político es si Edipo, como gobernante, puede valerse nuevamente de su ingenio para mostrar que las cosas no son tan simples como parecen, que su accionar de antaño no estuvo movido ni por la voluntad ni por el conocimiento y que, por ello mismo, merece seguir siendo rey. Nada de esto, sin embargo, parece cuajar en la trama. El ingenio de Edipo busca la verdad. No hay treta alguna que blandir. De nada le servirá argüir ignorancia o desconocimiento. La resolución de la trama parece ser muy poco jurídica; sin atenuantes, sin contraargumentaciones. Edipo es un parricida, un regicida y un incestuoso.

Dicho esto es factible hacer de *Edipo rey* una obra sobre el medio-decir de la verdad[12]. Los pormenores de su trama –tan lacerantes como definitivos–, constituyen y rasgan el perfil de

---

12. Retomo aquí lo problematizado en la introducción de *Poderes de la abyección*.

un protagonista atractivo y complejo. Freud encontró en ello el reservorio de la poderosa identificación que explica la pregnancia que ha mantenido su historia a lo largo de los siglos (Paduano, 2018)[13]. La trama, como se sabe, posee múltiples enredos que se entretejen y desembocan, finalmente, en la tragedia de un protagonista que supo ser héroe, supo ser un admirado rey. Por algunas versiones que han sobrevivido al olvido y al imperio del tiempo, es posible saber aquello que los griegos conocían mejor y que poseían como acervo comunitario y que no siempre tienen en cuenta sus lectores o espectadores extemporáneos: una maldición recaía en Tebas por culpa de un acto indigno de Layo. En un pasado que Sófocles no relata, pero con el cual trabaja en su narración sobre Edipo, Layo –cuya etimología remite al término "zurdo"– se hizo merecedor de una implacable blasfemia.

Tras enamorarse del bello y joven Crisipo, a quien su padre Pélope le encomendó para su instrucción, Layo lo raptó y violó. Perseguido por la vergüenza y la impotencia, el muchacho buscó desesperadamente un bálsamo redentor, que encontró en el suicidio. Pélope, tan desolado como indignado, imprecó a Layo y lo execró. Le expresó que en el futuro no podría engendrar hijo alguno y que, en caso de lograrlo, sería asesinado por las manos de su engendro (Guidorizzi, 2015). Estas palabras del dolido padre de la joven víctima, maniobrando con alguna forma de justicia, pasarían a posarse como condena sobre todo el linaje oblicuo de los Labdácidas y también sobre la vida de los tebanos, que obviaron o eligieron olvidar la infamia de su gobernante. No en vano sería Hera, la diosa de la venganza y esposa de Zeus, quien enviaría a la terrible Esfinge que Edipo vencería. Sus víctimas preferidas eran, precisamente, los habitantes jóvenes que buscaban defender la *polis* del terrible dominio del monstruo[14]. Sófocles elaboró una

---

13. Identificación que también ha sido figurada como empatía moral: "Todas estas transgresiones ha cometido Edipo contra lo sagrado de la naturaleza, y sin embargo era Edipo un hombre deliberadamente bueno, que no imaginaba los horrores en los cuales estaba atrapado más de lo que, en pleno verano, el ojo percibe las estrellas ocultas detrás de la luz del día" (de Quincey, 2013: 11).

14. "Tardará mucho en llegar a Tebas, en un momento en que la desgracia azota a la ciudad en la forma de un monstruo, medio mujer, medio leona: cabeza de mujer y senos de mujer, cuerpo y patas de leona. Es la Esfinge. Está alojada en una de las puertas de Tebas, a veces encima de una columna y otras sobre una roca más

excelsa interpretación de estos mitos. Hizo de la maldición de Pélope una verdadera profecía que estructura toda la historia de Edipo; la convirtió en el centro secreto de lo narrado. Así, gestó una complicidad con la audiencia de su tiempo.

Pero son las palabras pronunciadas por el Oráculo al héroe las que terminan de atar su destino al de su padre. Se trata de todo un hilo que conecta el malogrado intento de Layo por eludir su condena humana con el destino aciago de Edipo profetizado por los dioses, pasando por la indiferencia y sufrimiento de Tebas. Precisamente por escuchar Edipo que mataría a su padre y se casaría con su madre, acometió la empresa errante de abandonar la ciudad que creyó suya –Corinto– y a la que creyó poseer como hijo y heredero de los reyes Pólibo y Mérope. En ese marco, terminará ejecutando la sentencia de la que creía poder escapar, desconociendo que recaía no solo sobre él, sino también sobre su verdadero padre y sobre su verdadera ciudad. Al final del relato, será Edipo quien ejecutará la sentencia múltiple que lo comprendía y, al mismo tiempo, lo excedía. En un solo movimiento, será el martillo y el yunque.

A lo largo de la obra, Sófocles muestra que Edipo adopta una actitud proactiva para liberar –nuevamente– a la ciudad de su terrible flagelo. Revela el modo en que la enfermedad de la ciudad puede desaparecer: es menester terminar con la impunidad que recubre al asesinato del rey Layo. Todas las escenas subsiguientes pasan a posicionarse como una espera, como la antesala de un momento verdadero de reparación, de expiación. Basta con esperar el discurrir de los diálogos, con las entradas y salidas de escena de los personajes, para que la serie de atrocidades se enhebren. Solo sacando esto a la luz, Tebas podrá regenerarse.

En ese marco, el sabio Edipo se convertirá en el mayor de los ignorantes de la historia occidental. Como han sugerido diversos autores (Blumenberg, 2003; Orsi, 2007), todo su accionar está impregnado por la responsabilidad superior del gobierno. Como soberano, le corresponde salvar a la ciudad que antes salvó como

---

elevada, y se divierte planteando enigmas a los jóvenes de la ciudad. Exige que todos los días se le envíe la flor y nata de los jóvenes tebanos, los muchachos más apuestos, que tienen que enfrentársele. Se cuenta a veces que quiere hacer el amor con ellos" (Vernant, 2000: 180).

forastero. Si su ingenio fue lo que lo erigió en gobernante, su ingenio como gobernante deberá encontrar la cura de la peste. Pero es precisamente esta doble condición suya –de político y de ingenioso– la que quedará expuesta a lo largo de la trama.

La responsabilidad política aparece ya codificada en los primeros versos de la obra, más precisamente allí cuando un grupo de ancianos y jóvenes le imploran dar con la solución a las calamidades que sufre la población (par. 40)[15]. Si bien se hallan en actitud suplicante al pie de un altar, es a Edipo, el rey, y no a los dioses, a quien buscan verdaderamente para dar con las respuestas (Segal, 1993). Inflado por la responsabilidad del cargo y por su ego, Edipo se encomienda a resolver el crimen. Enviará mensajeros, apelará a adivinos, hará preguntas a sirvientes y habitantes y cuestionará algunas de las respuestas que reciba, porque solo si logra hacer justicia seguirá siendo no solo el ingenioso y sabio Edipo, sino reinar sobre un territorio de vivos y no de muertos. Es cierto que la plaga amenaza su propia existencia de mortal, pero también es cierto que su aparente condición de extranjero podría otorgarle una suerte de pátina inmune al padecimiento. Sin embargo, nada de ello resulta concluyente o puede efectivamente saberse. De una u otra manera, Edipo sabe que debe cuidar de su rebaño y que toda su vida simbólica se juega ahí, junto a la de sus súbditos. No en vano actuará creyendo desandar confabulaciones que amenazan a su propia autoridad. Lo que nunca supuso es que hacerlo implicará hurgar en su propio pasado y comprobar que su dimensión de hombre y su condición de gobernante se encuentran atadas de una forma inimaginable[16]. Aun así, en ese nudo, Edipo comprobará una escisión radical que acecha desde el inicio y marcan el tiempo de la obra: el héroe no tiene lugar en la democracia. Hegel (2004) supo entender esto muy bien.

---

15. Si bien existen numerosas ediciones de *Edipo rey* en habla castellana, dos son las que tomaré como referencia: la primera a cargo de Assela Alamillo (Sófocles, 1997) y la segunda elaborada por García Gual (Sófocles, 2012). Partiré de aquella y señalaré, cuando sea pertinente, posibles divergencias con esta.

16. Para Guidorizzi (2018), Edipo ha violado la ley de individuación, según la cual un hombre no puede ser otro que sí mismo. Para el psicoanálisis, en cambio, un hombre nunca es igual a sí mismo, pues se encuentra escindido. Volveré sobre este punto.

En su *Filosofía del derecho,* más específicamente en el momento del "Derecho abstracto" –el primer momento del despliegue del Espíritu Absoluto–, es el héroe el que posibilita el inicio de la realización de la Idea de libertad. Su arbitrariedad se vuelve portadora de la racionalidad, da lugar al derecho de manera fundacional y, por tanto, a cierta objetivación desde una subjetividad muy elemental. Pero cuando eso ya sucede, cuando el derecho prosigue su desarrollo movido por la libertad, el héroe se convierte en una figura intolerable, incluso contraria al derecho que permitió que naciera, pues su palabra se vuelve particularidad y, por lo tanto, imposible de anudar a la vida social[17].

En cierta medida, *Edipo rey* muestra ese pasaje hegeliano, ese tránsito hacia la arbitrariedad innecesaria para lo político. Un buen gobernante no debe ser un héroe; la virtud del héroe no es la de un buen gobernante. Tal como decía más arriba, lo íntimo y lo público de la historia se ven indefectiblemente confundidos. Lo íntimo y lo público de la casta gobernante tebana y la relación que el *demos* estructura con ella anudan una configuración del poder que quedará expuesta, herida de muerte. Aquí, entonces, emerge el primer "rasgo" ontológico que quisiera mostrar: el conocimiento y el saber que se figuran en la obra no pueden ser divorciados de los límites que estructuran al conocimiento de hombres y mujeres. Me ocuparé a continuación de este asunto para luego revisar sus bifurcaciones.

---

17. He trabajado la figura hegeliana del héroe en: Laleff Ilieff (2022a).

Capítulo 1

El conocimiento de la obra

D iversas interpretaciones han esgrimido que *Edipo rey* es una gran reflexión sobre el problema de la validación del conocimiento. Me ocuparé en este capítulo de revisar algunas de estas lecturas con la intención de abordar lo que el secreto permite pensar acerca de lo político en tanto tal. Como expresé en la introducción, procuraré enhebrar ciertos elementos de la trama sofoclea atento a los cruces disciplinares. Por ello quisiera comenzar citando el ya clásico trabajo de Eric Dodds (1966) intitulado "On Misunderstanding the *Oedipus Rex*", en el que se señala que existen al menos tres interpretaciones erróneas sobre *Edipo rey*.

La primera de ellas enfatiza que los dioses intervinieron en la vida del héroe con el objeto de aleccionarlo por su excesivo orgullo. La segunda remarca que Sófocles procuró figurar a los humanos como verdaderas marionetas, como objetos manipulados por las divinidades en vistas a remarcar la fuerza del destino y la imposible fuga de sus laberintos. La tercera interpretación, en cambio, considera que el propio poeta nacido en Colono no tenía interés alguno en referirse a los dioses; no quería presentar ninguna reflexión sopesada sobre el Olimpo o la trascendencia. Simplemente apeló a ellos impulsado por una sana intención artística.

Dodds procura rebatir esas lecturas señalando el influjo exageradamente moralizante de la primera y el carácter totalizador de la segunda y ponderando, contra la tercera, la religiosidad griega de la época, de la cual Sófocles no habría podido escapar incluso de haberlo querido. En consecuencia, el filólogo irlandés subraya que toda interpretación de la obra debe toparse con una exigencia mayor, a saber: delinear el tipo de acción que emprende el personaje central de la trama, ver las constelaciones de elementos que se manifiestan en ella, por ella y tras ella, y que vinculan a sus distintos personajes con los límites y las posibilidades de lo humano en relación con lo divino.

La académica española Rocío Orsi (2007) valida el tono general de este estudio. Sin embargo, sostiene que es menester rectificar su clasificación apelando al tipo de enfoque que prioriza cada lectura. Desde su perspectiva existen análisis: a) epistemológicos –como los de Karl Reinhardt (1991) y Cecil Bowra (2003)–; b) antropológicos –como las de Charles Segal (1993; 1995) y Jean-Pierre Vernant y Pierre Vidal-Naquet (2002)–; y c) históricos –como las de Bernard Knox (1957)–. De continuar esta senda, a la tipificación se le podrían adicionar los análisis de carácter: d) filosófico –como los de Walter Kaufmann (1978) y George Steiner (1987)– y e) psicoanalítico –como los de Anzieu (1980), Conrad Stein (1978), Driek Van der Sterren (1976) y, por supuesto, Sigmund Freud (1979)–. Pero como aquí no se trata de establecer una tipología o de ordenar el estado del arte, propongo efectuar una suerte de conjunción interpretativa para así dar lugar a una lectura teórico-política que atraviese la problemática relación que subraya Dodds entre hombres y dioses. Esto resulta imprescindible para justificar por qué el secreto permite aludir a ciertos problemas ontológicos que se manifiestan en la articulación de la experiencia entre lo real, lo simbólico y lo imaginario. En este capítulo sostendré que el problema del secreto engloba a la cuestión del conocer y, al mismo tiempo, va más allá de ella.

En latín, el término "secreto" se traduce como *secretus* que, a su vez, proviene del verbo *secernere,* que significa "poner aparte". En griego, en cambio, la palabra "secreto" se relaciona con el sustantivo μυστικό y el adjetivo μυστικός, términos ambos que se vinculan con los misterios y la mística, es decir, con el universo de aquellos que fueron iniciados (μΰστησy) en los enigmas y ritos ocultos (μυστήριον), algo que, en cierto modo, se ha conservado como estela en la lengua de los romanos en palabras conexas como *initio* (iniciar en los misterios) o *consecratio* (consagración a los dioses). Es dable observar una primera dimensión que indica por qué el problema del secreto no solo se relaciona con el saber o el conocimiento, sino, en todo caso, con un saber que remite a lo divino.

Una interpretación por demás sugerente para abordar *Edipo rey* desde esta tónica es la de Jean-Joseph Goux, quien señala en un pequeño libro que el hijo de Layo debe ser entendido como "la figura prototípica del filósofo que rechaza los enigmas sagrados para instaurar la perspectiva del ser humano y del yo" (1999: 15), es decir, la figura de aquel que conoce y sabe cómo conocer.

Según Goux, Edipo es quien "intenta partir hacia la conquista de la verdad por sus propias fuerzas y no con la autorización de un maestro o una herencia" (1999: 118). Replica o encarna el "punto de partida *constitutivamente individualista de la filosofía*" (1999: 119). En otras palabras, Edipo es un filósofo sustancial para la tradición de pensamiento occidental. Goux propone apelar a la estructura de los mitos, y a ciertos aportes de la psicología jungeriana y el psicoanálisis lacaniano, para comprender esta arista. Así, critica los aspectos centrales de la lectura freudiana. Según su perspectiva, Freud se equivocó al basarse en la contradicción entre la prohibición impuesta por el padre y el deseo parricida que reside en el inconsciente:

> Nuestra aproximación va contra el postulado epistemológico de la teoría freudiana. Desarrollada en una antítesis provocativa, nuestra tesis podría enunciarse: es el mito de Edipo el que explica el complejo. Es decir: es en el interior de una cierta institución histórica de la subjetividad, en el marco de un singular dispositivo simbólico (del cual el mito de Edipo es la exposición más fuerte), en donde una cosa como el Edipo ha podido cobrar su insistencia y su descripción. Dado que Occidente es edípico, Freud ha descubierto el Edipo. (Goux, 1999: 14)[18]

---

18. "La trama de Edipo, considerada aisladamente tal como lo ha hecho Freud, sólo muestra un encadenamiento fatal que conduce del parricidio al incesto. Al hacer un paralelo de la trama de este mito con la del monomito es posible precisar correlaciones más profundas repletas de una enseñanza que no es reductible al saber freudiano y que compite con éste" (1999: 42).

Lo interesante de esta apreciación es que la tragedia sofocleana queda bajo el problema de la iniciación y de la "investidura real" (1999: 16). Edipo es quien vence a la Esfinge con su intelecto y sin ayuda alguna de la divinidad, dando lugar así a una forma de investidura fallida, muy distinta a la de otros héroes –como Jasón o Perseo–. A pesar de esta diferencia, a través del concepto de "monomito" (1999: 17) Goux ubica una suerte de estructura común a todos los mitos griegos.

Para llegar efectivamente a ser héroes, los candidatos deben superar exitosamente una prueba impuesta por la autoridad paterna; prueba que produce una ruptura con la influencia totalizante y natural que representa la madre. Para Goux, la Esfinge simboliza el poder de Yocasta. Ahora bien, solo exponiéndose a un desafío de este tipo –un desafío sin igual–, el hombre estará en condiciones de efectuar una suerte de desplazamiento de su deseo hacia otro objeto que no sea su progenitora[19]. Así, terminan obteniendo a una mujer como trofeo, como símbolo de su gallardía y virilidad emancipada[20].

Con el monomito, entonces, Goux vincula "ley", "deseo" y "castración". Alejándose de Freud, señala al padre ya no como aquel que le obtura a sus hijos el acceso a las mujeres, sino como aquel que ordena la acción masculina y la posibilita a dirigirse hacia su verdad. Se trata de algo bien parecido a la visión de Lacan sobre el padre, pues su función, para este pensador, posibilita el orden simbólico; de modo que no consiste solo en la negación o la represión, sino también en la habilitación del deseo con su singulari-

---

19. También desde el psicoanálisis Carlisky (1952) sostiene que el poder de la Esfinge se sustenta en los enigmas de la sexualidad. Sobre el carácter femenino del monstruo, véase: García Gual (2012) y Kurnitsky (1992).

20. "Se obtiene así la sucesión de las siguientes secuencias: 1) un rey teme que un hombre más joven, o a punto de nacer, tome su lugar como lo ha predicho un oráculo. Busca por todos los medios evitar el nacimiento del niño o alejar al supuesto intruso; 2) a pesar de todo, el futuro héroe escapa al plan asesino creado por el rey. Sin embargo, mucho tiempo después vuelve a encontrarse en una situación en la que otro rey intenta hacerlo desaparecer de nuevo. Pero este segundo rey, no resuelto a cometer él mismo el crimen, le encarga al futuro héroe una peligrosa prueba, en la que debería normalmente perder la vida; 3) la prueba es un combate contra un monstruo. El héroe consigue vencerlo, no él solo sino gracias a la ayuda de los dioses, de un sabio o de la futura esposa, y 4) finalmente, la victoria sobre el monstruo conduce al héroe al casamiento con la hija de un rey" (Goux, 1999: 18).

dad. De allí que el propio Goux afirme que Lacan, en su lectura de Freud, "no hace más que redescubrir una verdad ya conocida por la tradición y conservada en los mitos griegos de investidura real, esto es, de iniciación lograda" (1999: 40)[21].

Siguiendo en este punto a Lacan, Goux argumenta que no existe un primer objeto de deseo que se pierde producto de la castración –a diferencia de lo que sugieren los escritos freudianos–, ya que no hay "Cosa" alguna; la realidad se monta sobre un vacío, la pérdida es siempre sensación o sentido de pérdida, no pérdida real; lo que queda es el agujero[22]. El problema de la tragedia sofocleana es que la madre se presenta como "La Cosa" encubriendo fantasmáticamente la ausencia o, mejor, obturando la experiencia del hijo. Esto imposibilita la emergencia del objeto causa de deseo –el objeto *a*– que, finalmente, en los trajines de la existencia, el héroe encuentra y reconoce al vencer a su contrincante de monstruosos rasgos femeninos.

El "monomito", en suma, pondera la prueba como una verdadera arista sacrificial en la medida en que el héroe debe transitar la nada. Desde esta perspectiva, Edipo es un héroe oblicuo, "logra evadir, contra lo que parece, las pruebas de la iniciación, pero llega no obstante a ser rey hasta que esta usurpación oculta termina por descubrirse" (Goux, 1999: 124). Es que en su travesía contra la Esfinge, no despliega destreza física alguna, tampoco lo hace en su tentativa por hallar la cura de la peste; Edipo no deja nunca de moverse en el terreno conocido de lo materno, no sale nunca de él. La misma Yocasta así lo exhibe:

> Lo más seguro es vivir al azar, según cada uno pueda. Tú no sientas temor ante el matrimonio con tu madre, pues muchos son los mortales que antes se unieron también con su madre en sueños. Aquel para quien esto nada supone más fácilmente lleva su vida. (par. 980)

Si para Goux, Edipo es el "primer filósofo" (1999: 90) de Grecia, es porque su talante de héroe se encuentra desviado; es un héroe

---

21. Sin embargo, me animo a decir, en la lectura de Goux se suscribe la articulación entre lo femenino y lo masculino de un modo, todavía, atado a lo biológico. No creo que esto sea lo que sucede en Lacan.

22. He comentado esta cuestión en detalle en la introducción al primer libro de la saga.

que falsea las reglas, es un no-héroe. En nombre de la razón, no reconoce ninguna por sobre la suya, incluso la pervierte haciéndola suya. En ese marco, construye un conocimiento autónomo, sin validación externa, sin ayuda divina. Su arrogante actitud lo lleva a creer que "ningún enigma ha de ser divino, al punto de trascender la reflexión que puede hacer una cabeza humana" (1999: 66). Así, funda la tradición que ofende a Apolo, a ese "dios de la claridad, de la ciencia pura, del conocimiento teórico", a aquel que "otorga la distancia con las cosas" y "la pureza de la visión necesaria para el saber" (1999: 113)[23]. Sófocles se adelantó a la filosofía platónica dando lugar a la premisa que "la verdad" es "solo un punto de vista humano, ya no una revelación o una visión que marca al que tiene la experiencia ritualizada" (1999: 123). Por ello, afirma Goux que "el pecado de Edipo" está ligado "de manera fundamental al conocimiento" (1999: 115):

> Edipo no consulta los pájaros, signos del cielo, lenguaje enviado por los dioses para dar a conocer su voluntad. Él sólo se apoya en su propia reflexión. Y el poder de su joven inteligencia resulta superior al saber ancestral del desciframiento de signos. Ni iniciación humana ni asistencia divina le han sido necesarias. Edipo ha vencido solo. (1999: 28)

Al sostener un saber que se fundamenta a sí mismo, Edipo abjura de la divinidad. No en vano la criatura que azota Tebas no falleció por su valentía –como sucede, por ejemplo, en el caso de la Medusa–, sino que fue ella misma quien acabó con su vida, arrojándose al vacío, acaso como hará, en un sentido análogo, el propio Edipo al sacarse sus ojos y caminar sobre la nada. Sin embargo, como se sabe, Edipo cree que tal desenlace sucede por la justeza y el carácter implacable de su respuesta. Creyó comprender el significado de las palabras que pronunció o, peor, creyó haber fijado un exacto significado a esas palabras, acaso porque supuso que eran realmente suyas y no del Otro, de la tradición o de los mortales. La escena de referencia es harto conocida, pero bien vale la pena reponerla en lo sustancial.

---

23. No casualmente es Apolo el que aparece mencionado varias veces en la obra como, por ejemplo, en el planteamiento que le da inicio y en aquel que la concluye.

Cuando fue inquirido con el interrogante "¿cuál es el ser vivo que cuando es pequeño anda a cuatro patas, cuando es adulto anda a dos y cuando es mayor anda a tres?" por el monstruo con rostro de mujer, cuerpo de león y alas de ave, Edipo contestó algo verdadero, pero nunca llegó a entender dónde residía su verdad. Y eso, acaso, porque él mismo era parte de la respuesta imposible al enigma (de Quincey, 2013). Su contestación fue solo a medias, y solo a medias podía ser. Quizás esto haya sido lo que debía aprender para evitar una partida tan avanzada en el juego de su vida. La muerte de la Esfinge le bastó para ganarse la legitimidad de hombre sabio y para detentar un poder asociado a esas mismas virtudes. Se trató, de todos modos, de un extraordinario simulacro de saber, de una entera y perfecta puesta en escena.

Volviendo al trabajo de Orsi (2007), es interesante ver cómo la autora señala a Sófocles –y no a Edipo– como el verdadero filósofo. La diferencia de su lectura con la de Goux estriba, precisamente, en que la trama de la obra ya no responde a la virilidad del héroe y a su deseo, sino a la justificación de un método de conocimiento científico; algo sobre lo que abrevaría el autor griego y no su personaje, quien en verdad solo se guía por la intuición. Orsi, en ese marco, apela a otros trabajos sofocleanos para sostener su hipótesis, inscribiéndolos en su contexto específico de producción y remarcando su inevitable dimensión de politicidad. Así, argumenta que todo "poeta" de la Antigüedad no era "solo un individuo", sino "un ciudadano que, como todos los demás", alcanzaba "su plenitud" al participar "activamente en la vida de la polis" (Orsi, 2007: 13). De este modo Orsi subraya a la tragedia como una forma particular de expresión artística, íntimamente ligada a los asuntos de la *polis,* que apelaba a la ironía para dar cuenta de una diferencia entre ese pasado mítico de antaño y el contexto democrático del presente.

El historiador argentino Julián Gallego expresa algo parecido al afirmar que "la función del discurso trágico" es una "forma de pensamiento situada en una posición de lectura en interioridad respecto de la política democrática" (2012: 72) de Atenas. Por su parte, el conocido helenista Jean Pierre Vernant destaca muy bien que "el material de la tragedia" es "el pensamiento social propio de la ciudad del siglo V, con las tensiones y contradicciones que nacen en ella", principalmente allí cuando "las instituciones de la vida política cuestionan, en el plano religioso y moral, los antiguos valores tradicionales". Por ello afirma que de aquellos "valores exaltados por la leyenda heroica extrae la tragedia sus temas y sus personajes, no ya para glorificarlos, como lo hacía aún la poesía lírica, sino para cuestionarlos públicamente en nombre del nuevo ideal cívico", frente a esa "especie de asamblea o tribunal populares que constituía un teatro griego" (2002: 82). Acaso algo de esto reverbera en Goux cuando arguye que "la esencia de la forma trágica griega se revela en el Edipo de Sófocles porque ella misma se constituye como exposición y crítica de la nueva razón" (1999: 122). En cierta medida, Orsi es aun más clara: la tragedia es "un fenómeno político desde todos los puntos de vista" en tanto "no solo tiene un trasfondo político sino que es, sobre todo, parte activa de la vida de la *polis*" (2007: 33). Por lo tanto, Sófocles habría sugerido con sus versos "la imposibilidad de alcanzar un conocimiento que sirva de asidero seguro para la acción humana" (2007: 14); imposibilidad –vale la pena señalar– que también se verifica en la acción política.

Como poeta-filósofo, Sófocles se habría metido de lleno con las cuestiones gnoseológicas y epistemológicas de su tiempo –"la entrada y salida de informadores" y la participación de "personajes que vienen a dar testimonio de diferentes trozos del pasado" (Orsi, 2007: 257) subrayarían tales inquietudes–. Al presentar a Edipo como el hombre del saber, serían "los procedimientos" (2007: 276, 278, 279) para la validación de la verdad los que se verían ponderados con su pluma. Sófocles supo replicar el camino adoptado por ciertas disciplinas desarrolladas en su contexto, tales como la historia y la medicina, ambas de notable apego empírico y ajenas a lo que sería el futuro "ideal" platónico de la filosofía. En consecuencia, *Edipo rey* encarnaría "un ideal ilustrado" que "se opone obsesiva y decididamente a las voluntades igualmente obsesivas y decididas de oscurantismo y ocultamiento de los otros personajes, especialmente Tiresias, Yocasta y el pastor de Layo" (2007: 274).

Pero, ¿es realmente posible pensar la necesidad que muestra Edipo de ser informado y, al mismo tiempo, su condición de emblema del conocimiento? ¿Es posible compatibilizar el ingenio del personaje, que lo llevó a vencer a la Esfinge, con esta búsqueda de un criminal? ¿Acaso el desenlace trágico de la historia tiene como sentido último una advertencia contra la soberbia del filósofo o la falta de rigurosidad de su saber?

Según el enfoque de Orsi, y tal como se constata claramente en la trama sofocleana, no es Edipo la figura más acabada del saber que aparece en la obra, sino la de otro personaje: Tiresias. Sin embargo, en los versos, nadie cree en las palabras de este conocido adivino[24]. Mejor dicho, nadie parece efectivamente concederle crédito. Acaso porque es lo suficientemente enigmático al hablar como para que algún moral se crea entendedor de su decir; acaso porque un clarividente no detenta ya la legitimidad que supo tener en otros tiempos –tal como indicaré en el capítulo cuatro–; o acaso porque es solo un mensajero de otras voces. Para Orsi, todo lo que en *Edipo rey* remita a Tiresias conforma el signo patente de una subjetividad que se encuentra sedienta de pruebas, de un público acostumbrado a la publicidad democrática que necesita constataciones para hacer de un enunciado una verdad; pruebas, en suma, que el mago no puede ofrecer porque su registro de enunciación no las necesita. En este sentido podemos entender el motivo por el cual Tiresias no ofrece ningún argumento para convencer a Edipo; la adivinación se cree o no, lejos está de responder a los procedimientos de la razón; descansa, en última instancia, en la voluntad divina de comunicarse y de creer los modos en los que esta se comunica, acaso siempre de manera indirecta. Pero el asunto de todo esto es que los mortales se encuentran ávidos de conocimiento. No pueden quedar a merced de la simpatía de los dioses por transmitir verdades; deben buscarlas, hacerse de métodos válidos para lidiar con los enigmas de la existencia. Por ello, como bien indica Orsi:

---

24. Tiresias es un personaje harto estudiado. Recuérdese, por caso, su particular historia –la cual reza que fue el único mortal que nacido hombre se transformó en mujer para luego volver a ser hombre– en la obra de Nicole Loraux (2003), quien la analizó para pensar la dimensión de lo femenino y la construcción de la masculinidad griega. Tampoco es un detalle menor que Tiresias haya sido un personaje crucial para entender y comprender el tratamiento dado a la homosexualidad (Apollinaire, 2010; Perniola, 2016). Consultar: Bermúdez (2000) y García Gual (2011).

Edipo es quien mejor representa la forma humana de buscar, desde la más elemental ignorancia, el conocimiento de la verdad. De hecho, si Edipo es un personaje paradójico es, como se ha dicho ya, precisamente porque en él conviven una habilidad insuperable para perseguir la verdad y dominar diferentes saberes con la más íntima ignorancia, la ignorancia relativa a su propia identidad. (2007: 275)

Así, volvemos a lo dicho: para Orsi, Sófocles fue consciente de que el conocimiento reposa en una cuestión de método y que el acierto o la adivinación no pueden cimentar el terreno para la *praxis* humana. La filosofía griega, en tiempos de la democracia que dio origen a la tragedia, no podía apelar a una suerte de gnosticismo, no podía tolerar que solo unos pocos iniciados estuvieran preparados para la verdad. Hay allí un régimen de sentido que no se puede suprimir. La verdad es siempre verdad pública y la filosofía es ciencia primera que se desarrolla de cara al *demos*. Y en esto Goux y Orsi parecen coincidir. Sin embargo, sus valiosas y productivas lecturas no pueden llegar a captar cuáles son las últimas consecuencias de la relación entre conocimiento y verdad –entre lo humano y lo divino– que expresa una mirada ontológico-política de la obra. Seré claro: tampoco lo permite una mirada como la de Foucault que, en una conferencia impartida en la década de 1970, se concentró particularmente en la relación entre saber y poder en *Edipo rey* destacando la influencia de ciertos métodos de comprobación que habrían animado a la práctica jurídica griega de la época, mas sin adentrarse jamás en las aristas que el secreto permite observar[25].

En el próximo capítulo indicaré que la lectura foucaultiana deja a Edipo o bien como un "ignorante" que fractura la relación entre saber y poder, o bien como alguien que "sabe" y, por lo tanto, que tiene un conocimiento técnico de la política. La lectura que propondré resultará pertinente para seguir explorando el vínculo entre dioses y hombres y dar, así, con una problemática propia

---

25. Cabe señalar que Orsi (2007) destaca muy superficialmente la relevancia del secreto en Sófocles –se concentra solo en la obra *Las traquinias*– y lo ata a la cuestión del engaño. Por su parte, Claude Giraud (2007), en su estudio acerca del secreto como práctica social, sí remite directamente a *Edipo rey*, aunque no se explaya en demasía y la mención solo queda como una marginal nota a pie.

de nuestra época que los versos sofocleanos permiten revisitar: la carencia de un fundamento último para ajustar la vida social. Poco a poco iré mostrando que aquello que Foucault entendió desde la complementación, y Goux y Orsi a partir de una idea de superación vía el conocimiento, revela un vínculo de imposibilidad que interroga el nudo simbólico, real e imaginario que le da soporte a la realidad.

Capítulo 2

El saber del héroe

En diversos trabajos (1996; 2009; 2011; 2014), Foucault se mostró interesado en la figura de Edipo[26]. Sin embargo, solo en uno de ellos ofreció un análisis pormenorizado. Se trata de una alocución impartida en la ciudad brasileña de Río de Janeiro en la que señaló que a "la tragedia de Edipo" había que concebirla como una "historia de búsqueda de la verdad", esto es, como una historia que evidencia "un procedimiento" de "las prácticas judiciales griegas de la época" (Foucault, 1999: 187). Desde su óptica, lejos de lo enunciado por los relatos homéricos –en especial, la *Ilíada*[27]–, *Edipo rey* mostraría ciertas actualizaciones de los dispositivos de poder. En sus versos la verdad se descubriría ya no mediante la prueba a la que debían someterse los acusados bajo el riesgo de posible punición divina, sino a partir de la declaración de testigos[28]. A esta novedosa práctica

---

26. Se recomienda consultar la precisa reconstrucción de Marcelo Raffin (2015).

27. Más específicamente "la historia de la desavenencia" que enfrenta a Antíloco y Menelao "durante los juegos organizados con motivo de la muerte de Patroclo" (1999: 187).

28. "Uno de ellos lanza el desafío, el otro debe aceptar el riesgo que éste supone o renunciar a él. Si por casualidad hubiese aceptado el riesgo, si hubiese realmente prestado juramento, la responsabilidad de lo que aconteciese, el descubrimiento final de la verdad, incumbiría directamente a los dioses, y sería Zeus quien, castigando al que hubiese jurado en falso, si tal era el caso, habría manifestado la verdad con su rayo" (Foucault, 1999: 188). Véase: Monge (2015).

que habría descrito Sófocles, Foucault la denomina la "ley de las mitades" (1999: 189). Su entera cumplimentación implicaba el armado de una suerte de rompecabezas. Al menos dos grandes piezas –en este caso dos grandes testimonios– debían reunirse de manera perfecta para dar con la verdad de un hecho. Al hacerlo, una suerte de complementación se producía reconociendo lo que había realmente sucedido como delito. Así, la narración se hacía pública y comprensible para todos y su resolución garantizaba el imperio de la justicia.

Según el reconocido pensador francés, un primer movimiento de este esquema aparece en la narración cuando Apolo comunica que la maldición que pesa sobre Tebas se debe a la impunidad por el asesinato de Layo. En ese marco, Foucault subraya que Edipo no insiste en conocer al responsable del hecho arguyendo que la voluntad de los dioses "no se puede forzar" (1999: 189). Desde su óptica, se trata de una dudosa excusa que se debilita prontamente, una vez Edipo obligado a develar la identidad del responsable. Es Tiresias, esa "sombra mortal" (Foucault 1999: 189) de Apolo, quien complementa lo expresado por la deidad del sol y la luna al indicar, tras el insistente requerimiento del rey, que fue el actual soberano de Tebas quien mató a Layo. Así, el adivino no hace más que confirmar que la ciudad no podrá regenerarse hasta que la falta no sea debidamente expiada.

Aun cuando resten episodios cruciales y sorprendentes de la trama, el público posee la certeza de que la verdad fue dicha; solo falta su entera presentación, su articulación, para que la tragedia se consume. Por ello Foucault indica que "el juego de las mitades" ya se encuentra "completo": profanación, asesinato, "quién fue asesinado, quién mató" (1999: 189) han sido develados. De todos modos, las piezas se encuentran todavía dispuestas de manera precaria "bajo la forma muy particular de la profecía, de la predicción de la prescripción" (1999: 189). Parafraseando a Orsi (2007), falta la vitalidad de la carga empírica. Las mitades deben conformar una unidad, no pueden quedar dudas sobre el accionar de Edipo, no puede haber grietas en el relato. Serán los testigos quienes aportarán esta dimensión probando que el admirado soberano de Tebas es, en verdad, el buscado criminal:

Poseemos toda la verdad, pero bajo una forma prescriptiva y profética, característica a la vez del oráculo y del adivino. Sin embargo, a esta verdad que en cierto modo es completa, total, en la que todo se dijo, a esta verdad le falta algo que es la dimensión del presente, de la actualidad, la dimensión de la designación de alguien. Falta el testimonio de lo que realmente ocurrió. Curiosamente, toda esta vieja historia fue formulada por el adivino y por el dios bajo la forma de futuro. Tenemos necesidad ahora del presente y del testimonio del pasado: precisamos el testimonio presente de lo que realmente sucedió. (Foucault, 1999: 190)

Para Foucault, Tiresias dice lo mismo que Apolo y ambos lo mismo que los sirvientes; se produce una perfecta sincronización entre saber y verdad. Mi lectura pretende discutir esto a partir del secreto. Ahora bien, para llegar a hacerlo es importante ver antes cómo Foucault toma nota de lo dicho por Yocasta, quien, tras la intervención del adivino, intenta tranquilizar a Edipo recordándole que él no podía ser el asesino de Layo, que se trata de un juicio errado de Tiresias, ya que "aquello en lo que el dios descubre alguna utilidad, él en persona lo da a conocer sin rodeos" (par. 720). Estas palabras, desde ya, no tranquilizan al héroe; de hecho, le admite a su madre y compañera que los pormenores del asesinato del otrora rey no le resultan del todo extraños. Se asemejan, de hecho, al crimen que cometió tiempo atrás en el entrecruce de caminos que lo depositaría en Tebas. De allí que Edipo mismo se cuestione "con tremenda angustia, si el adivino no estaba en lo cierto" (par. 745).

Pero, para Foucault, esta preocupación que invade al protagonista se debe menos a un remordimiento por "la idea de que podría haber matado a su padre, o al rey" que al temor de "perder su propio poder" (1999: 195)[29]. Poco antes de su diálogo con Yocasta, Edipo expresa la sentencia que le cabría al asesino de Layo. Sin saberlo, ese acto significa su condena a "terribles maldiciones" (pár. 745). Edipo cumplirá con su palabra, con esa palabra política que lo excede:

---

29. Aunque, como bien sugiere Thomas de Quincey (2013), ¿por qué el recuerdo de tal episodio le presentaría angustia alguna a Edipo, quien no hizo más que preservar su vida y su honor?

Prohíbo que en este país, del que yo posea el poder y el trono, alguien acoja y dirija la palabra a este hombre, quienquiera que sea, y que se haga partícipe con él en súplicas o sacrificios a los dioses y que le permita abluciones. Mando que todos le expulsen, sabiendo que es una impureza para nosotros, según me lo acaba de revelar el oráculo pítico del dios. Esta es la clase de alianza que yo tengo para con la divinidad y para el muerto. Y pido solemnemente que, el que a escondidas lo ha hecho, sea en solitario, sea en compañía de otros, desventurado, consuma su miserable vida de mala manera. E impreco para que, si llega a estar en mi propio palacio y yo tengo conocimiento de ello, padezca yo lo que acaba de desear para éstos. (par. 235).

Foucault se empeña en ver aquí cómo el agujero de la historia comienza a desaparecer; ya se sabe que Edipo es el asesino. Acaso por todo ello remarca que el héroe nunca invoca "su inocencia" (1999: 195). No obstante, tampoco la finge. Se produce un pasaje sustancial en el que el liberador de Tebas pasa a ser el máximo infame de Tebas. Muy atinadamente René Girard (1986) destaca que el vocablo griego *pharmakos* significa tanto veneno como antídoto, lo que entrega una clave notoria para las interpretaciones sobre la ambigüedad o la anfibiología de la obra sofocleana (Vernant, 2002).

Ahora bien, para la lectura ofrecida por Foucault, resulta crucial la llegada de un mensajero de Corinto, quien trae consigo un recado, una comunicación para el soberano. Pólibo, a quien Edipo cree su padre, gobernante de la ciudad fundada por Sísifo, ha muerto hace pocos días. Edipo es su único descendiente. Sin embargo, rápidamente, los versos de la pieza remarcan una distancia insalvable para acceder a la herencia del trono; una desunión decisiva entre ambos: Edipo no tiene la misma sangre del difunto. Su verdadero origen se encuentra perdido.

Un viejo sirviente del palacio tebano, con actitud temerosa, revela la verdadera filiación del héroe. Confiesa, casi contra su voluntad, que Edipo es vástago del masacrado Layo. Yocasta admite que, empecinado en evitar que su muerte sea a manos de su propia descendencia, Layo hizo que su hijo recién nacido fuera depositado en el monte Citerón. Su abandono conllevaba, desde ya, la muerte como destino y, por tanto, la obturación del terrible final que Pélope le había inquirido al abusador de Crisipo:

> Una vez le llegó a Layo un oráculo –no diré del propio Febo, sino de sus servidores– que decía que tendría el destino de morir a manos del hijo que naciera de mí y de él. Sin embargo, a él, al menos según rumor, unos bandoleros extranjeros le mataron en una encrucijada de tres caminos. Por otra parte, no había pasado tres días desde el nacimiento del niño cuando Layo, después de atarle juntas las articulaciones de los pies, le arrojó, por la acción de otros, a un monte infranqueable. (par. 714)

Este sirviente entrado ya en años, a quienes los reyes le habían encomendado la terrible labor, admite haberla incumplido. En lugar de abandonar al niño a las inclemencias del tiempo y a la voracidad de las bestias, entregó a la criatura a un pastor de otras tierras, quien lo llevó consigo bien lejos de Tebas, hasta depositarlo en la morada de los soberanos de Corinto, gustosos de contar con el niño que la naturaleza les había vedado. Para Foucault, con este episodio, la segunda mitad de la verdad ha sido finalmente revelada. Se produce la complementación perfecta de la verdad: "fue precisa esta reunión de los dioses y de su profeta, de Yocasta y de Edipo, del esclavo de Corinto y del esclavo de Citerón para que todas estas mitades, y estas mitades de mitades, se ajustasen unas a otras, se adaptaran, encajaran y reconstruyeran el perfil total de la historia":

> Es como si toda esta larga y compleja historia del niño, a la vez exiliado y que huye de la profecía, o si se quiere exiliado a causa de la profecía, se hubiese roto en dos, y posteriormente cada fragmento de nuevo en dos, y como si todos estos fragmentos estuviesen repartidos entre diferentes manos. (1999: 191)

La tan mentada innovación jurídica del relato sofocleano dependía, en última instancia, del testimonio de dos hombres comunes y no de las comunicaciones divinas. Es cierto que "en el fondo, aunque de otra forma" dicen "lo que los dioses ya habían dicho" (1999: 193) –lo que Tiresias había dicho en nombre de los dioses–, pero es claro que debían hacerlo porque los dioses no poseen la carga probatoria de la palabra humana. Foucault mismo lo admite, aunque no precisa con exactitud las derivas de esta cuestión. En su conferencia decide solo destacar la relación íntima entre la divinidad y los hombres; relación que conforma

> un determinado modo de desplazar el destello, o la luz de la verdad del destello, profético y divino hacia la mirada de los pastores que es en cierto modo empírica y cotidiana. Existe una correspondencia entre los pastores y los dioses: dicen lo mismo, ven lo mismo, pero no lo dicen con el mismo lenguaje ni lo ven con los mismos ojos. En toda la tragedia observamos esta misma verdad que se presenta y se formula de dos maneras diferentes, con otras palabras, con otro discurso, con otra mirada. Pero estas miradas se corresponden la una con la otra. Los pastores responden exactamente a los dioses e incluso se puede decir que los pastores simbolizan a los dioses. (1999: 193)

Pero lo que esta lectura no llega a aprehender son los elementos que operan por detrás de la trama; su abordaje jurídico no da de lleno con el problema del fundamento, tampoco analiza la dimensión trágica; solo indica la productividad del orden simbólico sin sus restos y grietas. Foucault es bien claro: Sófocles permitió que sus extemporáneos se anoticien del funcionamiento de una "técnica jurídica, política y religiosa" de la época, conocida como "el símbolo" (1999: 192); técnica que –señala– no ha desaparecido del todo en los modernos sistemas penales. Desde su óptica se trata de un verdadero instrumento de poder que posibilita, a quien se sabe propietario de "un secreto", hacerlo valer. Para ello, se fractura "en dos partes un objeto cualquiera, hecho de cerámica o de otro material", se guarda "una de las partes" y se confía "la otra a alguien que debe ser portador del mensaje o atestiguar su autenticidad" (1999: 192). La verdad, en suma, no admite discusión alguna; el poder mantiene su unidad, logra reproducirse, valerse de estos saberes y dar lugar a nuevas técnicas insertas en una lógica productiva[30].

En ese marco, poco parece importarle a este pensador nacido en Poitiers lo que el héroe trágico realmente desconocía; le

---

30. El símbolo cobra casi el movimiento de una máquina sin desajustes.

importa, más bien, lo que sabía y no inconscientemente. En definitiva, el Edipo de Foucault sabía que había matado a un hombre y sabía también cuál era su destino. Ni el desconocimiento de su origen, ni el de la identidad de su víctima y de su mujer resultan elementos relevantes para la trama. Desde la mirada foucaultiana, la obra de Sófocles expresa el núcleo de todo un paradigma que será cruelmente atacado desde entonces al ponderar una íntima vinculación entre saber y poder. Para Foucault, la tradición filosófica occidental rehúsa ese matrimonio; lo denuncia, lo quiebra.

Pero para Orsi *Edipo rey* muestra que "solo los que no tienen poder tienen determinado saber" (2007: 286), ya que en definitiva es el adivino desoído, el mensajero y los antiguos sirvientes quienes anotician, a veces con pruebas –como en estos últimos dos casos–, el verdadero origen familiar de Edipo y la autoría del crimen. En palabras de la autora, "Edipo se condena, como afirma Foucault, por «saber de más», como diría Hölderlin, por tener «un ojo de más», pero también se condena, contradiciendo a Foucault, por saber de menos, o por no haber sabido antes, o por no haber sabido lo suficiente" (2007: 300). La académica española concluye este punto afirmando que en Sófocles existe una "visión pesimista del papel del conocimiento en la vida humana" (2007: 300), debido a que el saber no solo no les da garantías a los sujetos para actuar, sino que además no les permite escapar de las afrentas, de los problemas más acuciantes de la vida. Por ello, no se trata de una suerte de visión crítica del racionalismo, sino de que el conocimiento no tiene por qué redundar en felicidad.

Lo que quiero recuperar de este comentario de Foucault es que el saber de Edipo no puede ser explicado o visibilizado como la reunión perfecta de diversos discursos o de partes de un mismo discurso, sino como síntoma de una tensión, de una imposibilidad. Foucault no se ocupa de precisar cabalmente la importancia de estos aspectos porque su objetivo discurre en torno al poder. De allí que sostenga sus intenciones bien específicas en un párrafo como el siguiente:

> me gustaría mostrar el modo mediante el cual las relaciones políticas se establecieron y se incardinaron profundamente en nuestra cultura dando lugar a una serie de fenómenos que no pueden ser explicados si no se los relaciona con las

estructuras económicas, con las relaciones económicas de producción, pero que también tienen que ver con las relaciones políticas que marcan la trama de nuestra existencia. (1999: 186)

Foucault critica lo que considera el elemento crucial del enfoque dominante de la filosofía, esto es, el divorcio entre el saber y el poder. Pero uno de los saldos indudables de su lectura es que no puede aportar elementos al problema del secreto o, para ser más específicos, a la dimensión no instrumental que el secreto conlleva en lo político. Esta dimensión interroga el problema de la dominación y del poder. Es cierto que la interpretación foucaultiana se subsume en una empresa teórica más vasta, destinada a rastrear dispositivos que alumbran la productividad y la gubernamentalidad –tal como lo hizo en sus célebres trabajos sobre los manicomios, las cárceles y las prácticas de confesión–, pero debe ser dejada de lado si se quiere hacer una lectura ontológico-política de la obra.

Asumo, desde ya, que Foucault no se equivoca al procurar valerse de la tragedia edípica para engrosar sus argumentos sobre el hacer de lo simbólico, pero creo que se equivoca al negar el vínculo que la tragedia gesta con el mito, pues la tragedia sabe que existe el mito porque no hay posibilidad alguna de saber la verdad, de que la verdad se diga totalmente, sea toda-dicha. Como bien ha señalado Carlos García Gual, "en el fondo está siempre el mito; después, la tragedia" (2012: 10). Por ello, si algo rubricó este fenómeno artístico de indudable relevancia para los siglos posteriores, fue la comprensión acerca de la dimensión metafórica de la existencia, la carencia de un objeto definido al que referirse y la imposibilidad de restituir el origen de las cosas. Todas las piezas de la tragedia indican, de hecho, variaciones de relatos conocidos, cifrados en el sentido común de la época. Los espectadores conocían el mito y por ello mismo se sorprendían ante las re-interpretaciones puestas en escena (Guidorizzi, 2018). El helenista Vernant lo destaca muy bien:

> el brusco surgimiento del género trágico a finales del siglo VI, en el momento mismo en el que el derecho comienza a elaborar la noción de responsabilidad, diferenciando de forma todavía torpe y vacilante el crimen «voluntario» del

«excusable», marca una etapa importante en la historia del hombre interior: en el marco de la ciudad, el hombre comienza a experimentarse a sí mismo en cuanto agente, más o menos autónomo en relación con los poderes religiosos que dominan el universo, más o menos dueño de sus actos, con más o menos influencia sobre su destino político y personal. (2002: 82)

Pero a los ojos de Foucault, Edipo no era "aquél que no sabía sino, por el contrario, aquél que sabía demasiado, aquél que unía su saber y su poder de una manera condenable", por lo que "su historia" debía "ser expulsada definitivamente de la historia" (1999: 194):

Edipo es el capitán, aquel que en la proa del navío abre los ojos para ver, y precisamente porque abre los ojos sobre lo que está a punto de acontecer se encuentra con el accidente, lo inesperado, el destino, la $\tau \upsilon \chi \eta$. Edipo cayó en la trampa porque era ese hombre de mirada autocrática abierta hacia las cosas. (1999: 199)[31]

Sus excesos, movidos por la perspicacia, se oponían al divorcio platónico consagrado en *República*, texto en el cual se asume que quien gobierna no sabe y quien sabe no gobierna. En ese marco, para Foucault, no podía haber lugar para una figura como la de este héroe, que supo adueñarse del poder detentando "un cierto saber superior en eficacia al de los demás" (1999: 198), "capaz de gobernar la ciudad" (1999: 199) por sí solo.

Es interesante atender esto porque allí donde Goux y Orsi encuentran vinculación entre la figura de Edipo y los fundamentos de la filosofía, Foucault también ve una conexión, aunque inver-

---

31. García Gual (2012) reconstruye la noción de tiranía en Grecia relacionándola con el uso que se le da en *Edipo rey*. Goux (1999), por su parte, une la perversión del héroe con la tiranía, tal como ya he señalado. Este gesto avala una supuesta duda acerca de la verdadera legitimidad de Edipo como gobernante, pues explicaría el motivo por el cual, en la obra de Sófocles, no se lo llama rey. Goux asemeja a Edipo con el tirano descrito por Platón. Sobre este mismo punto, Orsi señala que Edipo "no encarna en absoluto la imagen que del tirano ha forjado la democracia ateniense para protegerse de su aparición en la vida pública" (2007: 303), ya que el tirano es odiado y Edipo no, por lo que "se corresponde más bien" (2007: 303) con una figura de la realeza. Esto implica la discusión sobre la traducción del título de la obra, cuya opción dominante ha tendido a soslayar el concepto griego de tiranía (Segal, 1993). En mi interpretación me he decantado por la posición de Orsi.

tida. Su interpretación de la tragedia reposa, en última instancia, en la hipótesis acerca de la presencia de una suerte de reserva platónica en Sófocles, es decir, una postura que, asumiendo la democracia, rompe con la asociación entre saber y poder que encarna Edipo[32]. No es casual que concluya su conferencia citando los nombres de Platón y de Nietzsche. El primero es una figura arquetípica contra la cual el francés pretendió dirigir gran parte de sus trabajos; el segundo, referente y pilar de tales invectivas.

Para la perspectiva de Foucault, los diálogos platónicos son los que dieron inicio a ese "gran mito occidental" que reza que en la ciencia no podrá haber jamás "poder político" alguno (1999: 202). La democracia en tiempos sofocleanos tenía la tarea de eliminar el "orientalismo", tal como el antidemocrático Platón, esto es, hacer que el "hombre del poder" sea "el hombre de la ignorancia" (1999: 201)[33]. Nietzsche, en cambio, "comenzó a demolerlo al mostrar, en los numerosos textos ya citados que, más allá de todo saber, más allá de todo conocimiento, lo que está en juego es una lucha de poder. El poder político no está al margen del saber, está imbricado en el saber" (1999: 202)[34].

Edipo, quien tanto podía y tanto sabía, apareció, para Foucault, como la muestra más clara de la inactualidad de tal esquema, de su impotencia. Así, su figura se "tornó inútil", quedó presa de un "círculo" que lo encerró (1999: 200) hasta volverse completamente maldita, execrable. El siguiente párrafo de Vernant ayuda a ilustrar algo de este tono que alimenta la lectura revisada en este capítulo:

> El extranjero corintio es en realidad natural de Tebas: el descifrador de enigmas, un enigma que no puede descifrar; el justiciero, un criminal; el clarividente, un ciego; el salvador de la ciudad, su perdición. Edipo, célebre para todos, el primero de los humanos, el mejor de los mortales, el hombre del poder, de la inteligencia, de los honores, de la riqueza, resulta ser el último, el más desventurado y el peor de los hombres, un criminal, una mancilla, el objeto de horror para

---

32. Véase: Castro (2016).
33. El uso de esta noción remite a una articulación indistinguible entre el saber y el poder. En su conocido libro, Said (1995) retoma y varía lo expresado por Foucault.
34. Sobre el particular: Panea Márquez (2020).

sus semejantes, odiado por los dioses, reducido a la mendi-
cidad y al exilio. (2002: 110)

Leída desde este prisma, la tragedia sofocleana queda redu-
cida a una cuestión de preservación del poder. Y el secreto, por
su parte, a uno más de sus instrumentos. Pero concebir al orden
como aquello que puede restituir la verdad sin fisuras se convierte en todo un problema. En *Poderes de la abyección* procuré
mostrar que no hay dimensión simbólica sin una dimensión real
que la trabaje desde dentro, que la haga posible, que la explique
y la condicione, que haga del sujeto de la subjetivación la muestra misma del fracaso de toda identidad última. En este sentido,
el vínculo entre "poder-y-saber" y "saber-y-poder" (1999: 199)
que brinda Foucault termina siendo recursivo si la productividad
de la norma no aparece pensada desde lo que la norma no puede
capturar plenamente. De allí que mi diferencia con su perspectiva consista en la observancia del "no-todo" lacaniano; "no-todo"
que explica las reformulaciones de cualquier orden en su intento
por obturar lo que lo trastoca, aquello que no es mero síntoma
de la exclusión o de la falta del reconocimiento, sino el fracaso
mismo de toda inclusión, el fracaso mismo de todo reconocimiento absoluto.

En el próximo capítulo recuperaré algunas aristas de estos
problemas, a tono con lo ya comentado sobre el conocimiento, al
presentar una explicación sobre los versos de *Edipo rey* desde la
ontología lacaniana. Esto conllevará hacer hincapié en la imposibilidad que hace al vínculo entre dioses y hombres. Afirmaré que
es en esa no-relación con la divinidad donde estriba la clave para
entender que el secreto es el *locus* de la política. Al señalar con
Lacan que la verdad solo se expresa a medio decir, podré argu
mentar que la de Edipo es una historia sobre la ausencia de toda
explicación última y no sobre la restitución de una explicación ina-
pelable. Esto hará aprehensible el motivo por el cual sostengo que
el secreto de la política radica, en todo caso, en la propia forma
en que la política se despliega para ocultar que no hay secreto;
que el único secreto remite a cómo anudar de manera efectiva la
contingencia; y es así donde se puede hablar de "verdad".

Al proponer cosa semejante, el secreto terminará asumiendo
modulaciones harto distintas a las esperables, e inclusive a las

ya destacadas por valiosos trabajos con los cuales diálogo y discuto. Es que tal como expresé en la introducción, informar sus múltiples aristas da lugar a una larga y frondosa genealogía. Este camino lograría dar con una valiosa área de vacancia (Nosetto, 2018-2019), pues una verdadera tipología de las prácticas del secreto (Senellart, 2003: 45) aleja el análisis de las digresiones alusivas (Labourdette, 2005) que proliferan, pero también aleja del interés por pensar lo real del orden político. Solo a través de sus manifestaciones el secreto revela su dimensión ontológica, ya que no hay ningún hueso que roer que se esconda detrás de la carne. Una labor genealógica, entonces, podría asociar el secreto a: 1) la mentira (Arendt, 1996, 1998; Derrida, 2002; Kant, 2012; Platón, 2005); 2) la propia naturaleza de las relaciones sociales (Derrida, 1998; Giraud, 2007; Labourdette, 1999, 2005; Simmel, 1939); 3) la dimensión teológica de los *arcana imperii* y los *arcana ecclesiae* (Bobbio, 2010, 2013; Kantorowicz, 1959; Ludueña, 2010, 2018; Tácito, 2012); 4) los dilemas del príncipe en su conservación del poder (Maquiavelo, 2010) y la razón de Estado (Eiff, 2018; Meinecke, 2014; Schmitt, 2003; Settala, 1988); 5) el recelo del dictador de masas (Canetti, 2010); 6) el poder de las burocracias (Bobbio, 2010, 2013; Weber, 2014); 7) el derecho a la información (Bobbio, 2010, 2013; Habermas, 1981; Rawls, 2001, 2006) y la búsqueda de transparencia (Abdo Ferez, 2023; Landi, 2003); 8) los contra-poderes del delito (Bobbio, 2010, 2013; Castells, 1996) y; 9) hasta el "ciber-espionaje", el "secreto bancario" y la "privacidad tecnológica", pero nunca dejará de verse constreñido a una dimensión técnica que no puede elucidar el hecho de que la política nace del secreto.

Si *Edipo rey* sigue interpelando nuestra época es porque nuestra época puede seguir viendo en sus versos algo crucial de la vida social; algo que todavía aparece reactivado en el imperio de la contingencia. En este sentido, no es un modelo de aquello que la filosofía fracturó desde Platón en adelante, sino una historia que interroga la trama que construye al campo mismo de la política. En suma, la pieza de Sófocles permite comprender aspectos sustanciales del discurrir de lo simbólico allí donde sus estabilizaciones fallan, allí donde la política se ve obligada a crear algo donde solo hay nada, donde nada hay, más que símbolos e historia.

Avanzaré, pues, en precisar ese vacío que niega toda posibilidad de valerse de un sustrato inexpugnable de verdad para ordenar la agujereada vida comunitaria.

Capítulo 3

El medio-decir de la verdad

Remarcada la dimensión política de *Edipo rey* por la inscripción de la tragedia en la vida de la *polis,* y relevada la importancia que en su trama tienen el conocimiento y el saber –sea como mecanismo de verificación epistemológica (Orsi), judicial (Foucault) o simplemente como signo de la filosofía griega (Goux)–, es menester justificar por qué la ontología lacaniana permite efectuar una interpretación teórico-política de sus versos. Para ello, recuperaré una noción de verdad que hace del problema del secreto una vía privilegiada de análisis en tanto articula la dimensión ontológica de lo político con la óntica, el vacío de fundamento con las estructuras contingentes de dominación.

A diferencia de Foucault, cuya operación de lectura se encuentra atravesada por un intento de dejar de lado la senda inaugurada por Freud en *La interpretación de los sueños* [1899], considero que apelar al psicoanálisis para leer *Edipo rey* no implica necesariamente hacer de la obra la historia del "secreto de nuestro inconsciente" (Foucault, 1999: 185). En estas líneas me propongo interpretar lo expresado por Sófocles como un testimonio sobre la vacuidad de la realidad y sobre el carácter siempre anudado de los registros de la experiencia. A partir de ello intentaré destacar su importancia para ilustrar algunos rasgos de la política.

Retomando lo esbozado en el anterior capítulo, podría decirse que si bien el vínculo de Foucault con la tradición psicoanalítica no puede ser reducido a un comentario bien puntual efectuado desde la oralidad, no menos cierto es que su manifestación responde a un intento evidente por desembarazarse de ella. Esto parece confirmarse cuando el propio autor francés señala que en lo sucesivo no pretenderá concebir a Edipo como un "hombre del olvido", un "hombre del no-saber, un verdadero hombre del inconsciente" (1999: 194). Con una aclaración semejante, Foucault no hace más que acotar y excluir otras vetas interpretativas que podrían formularse desde las palabras de Freud. Resulta por demás curioso que en ningún momento de su alocución Foucault hiciera referencia a Lacan, quien no pensó precisamente a Edipo y su complejo en los mismos términos que el autor vienés (Safouan, 1986)[35].

Por esto mismo, no sería una exageración afirmar que Foucault concebía al psicoanálisis como un heredero de la disociación occidental entre saber y poder. En consecuencia, no podía más que resultarle una tradición que hace del sujeto un ignorante, aun cuando fuese lícito considerar exactamente lo opuesto, esto es, que en la propia historia del sujeto es donde el psicoanálisis ubica las respuestas a los traumas y las angustias. Pero en cierto modo, y aun admitiendo las modulaciones de cada caso, Foucault no estaba tan lejos del espíritu que animó a Gilles Deleuze y Félix Guattari (1985) a redactar *El Anti-Edipo* [1972]. De hecho, en su conferencia de Río de Janeiro, admite la importancia de este trabajo para sus propias indagaciones, pues con su respectiva publicación, "la referencia" al célebre héroe trágico juega "un papel completamente diferente" (1999: 185) que es menester tener en cuenta.

Es justo subrayar que Foucault no se encontraba del todo próximo a la provocadora idea esbozada por Deleuze y Guattari de que el psicoanálisis reconduce al deseo a estructuras funcionales de la sociedad capitalista –en especial a ser un "modo específico del poder médico y psicoanalítico que se ejerce sobre el deseo y el inconsciente" (1999: 185)–. De hecho, aunque confiesa que "un

---

35. Jacques-Alain Miller señala que si bien resulta posible ver al psicoanálisis en el centro de las indagaciones de Foucault, dicho autor no se hallaba demasiado adentrado en sus discusiones teóricas más importantes. En ese marco, Miller confiesa que Foucault le pidió si, "algún día" (1990: 71), podía explicarle el pensamiento de Lacan.

problema como éste" le atrae "mucho y que también" se siente "tentado a investigar", alega que "la historia de Edipo" no es "algo que tiene que ver" con "la historia indefinida, siempre renovada de nuestro deseo y de nuestro inconsciente, cuanto con la historia de un poder, de un poder político" (1999: 185)[36]. Así, Foucault liga la pieza sofocleana al conocido sendero de sus investigaciones y afirma que la tónica fundamental del "complejo de Edipo" "no se juega tanto en el plano individual cuanto en el colectivo, no tiene que ver tanto con el deseo ni con el inconsciente, cuanto con el poder y el saber" (1999: 186). Como ya he dicho, se podría retomar de un modo diferente este punto y dudar de que el psicoanálisis realmente entienda al sujeto como un "ignorante", lo que no implica negar la politicidad de una obra como la sofocleana, ni hacer de esa politicidad una politicidad que estriba en el inconsciente de los sujetos. En todo caso, apelando a la propia tradición psicoanalítica, se podría pensar una ontología política que alerte sobre las pretensiones de lo real en el saber.

En esta línea diré que es posible concebir a Edipo como una metáfora del sujeto y, más aún, como una suerte de arquetipo del analizante, en tanto su historia se inserta en las relaciones que constituyen a la época, algo que ya había delineado Freud en *Psicología de las masas y análisis del yo* [1921]. Allí, contra lo expresado por Gustave Le Bon sobre las multitudes, el pensador vienés indica que no existe tensión entre lo social y lo individual, ni frontera alguna que los contraponga. De manera que aun cuando el dispositivo clínico apele a la llegada de un ser de "carne y hueso", nunca será concebido como un átomo, ni sus atributos como esencias de una identidad. De hecho, en el discurso de todo analizante se encuentran las marcas y las sedimentaciones históricas en las que se inserta su palabra, por la que ese individuo no es más que un sujeto del lenguaje, algo siempre ya inserto en la historia, tal como indica Lacan. Así, los versos de Sófocles pueden ser vistos como la empresa de un analizante por dar con las contestacio-

---

36. Y agrega Foucault, en clara cercanía con tales autores, que "Ni Deleuze, ni Lyotard, ni Guattari, ni yo hacemos nunca análisis de estructura, no somos en absoluto «estructuralistas». Si se me preguntase qué es lo que yo hago, y qué es lo que hacen otros, que lo hacen mejor que yo, respondería que no hacemos una investigación de las estructuras" (1999: 186). En torno a tal vínculo, véase: Ayouch (2013) y Basaure (2007).

nes que busca y que solo puede encontrar hundiéndose en las profundidades de su condición de ser hablante y de ser hablado. En ese marco es que a lo largo de su tragedia, Edipo se histeriza (Lacan, 2012); sabe que sabe algo, pero no puede saber lo que sabe. Necesita, para ello, dar lugar a su propia dualidad, a aquello que muestra que el "individuo-Edipo" es el "sujeto-Edipo" pero también el "gobernante-Edipo", tal como consigné en la introducción. Por estos motivos es que no se puede entender que esta "dualidad de su ser" traduzca cierto "doblez de su carácter, que es todo de una pieza" (Vernant, 2002: 107). La "pieza" entera que se unifica bajo el nombre "Edipo" está siempre dividida.

Ahora bien, recalcar este "saber no sabido" del sujeto es distinto a ponderar un método de conocimiento filosófico o invocar al ingenio solitario del tirano hostilizado por un régimen de saber-poder. En estas últimas dos posibilidades hay algo que descubrir o reunir, aun cuando eso no conlleve la felicidad o el triunfo de los protagonistas; en el otro caso, en cambio, no hay verdad alguna que restaurar o recomponer, sino más bien una falta que resignificar.

Esta caracterización de Edipo como analizante es solo ilustrativa. La reflexión teórico-política que ofrezco pretende ir hacia el terreno de lo ontológico, entender el modo en que lo simbólico logra estructurar un vacío, hacer posible la vida en comunidad. No me interesa, por tanto, avanzar en el terreno de la clínica. El psicoanálisis me permite problematizar el vínculo esquivo e imperfecto, pero crucial, que hace a la verdad. Por ello es que se puede decir que para una perspectiva como la de Lacan, "lo central del complejo" descubierto por Freud es "el hecho de ubicar el saber inconsciente, el saber que no sabe" en su cabal dimensión, es decir, en tensión con la verdad; de allí que en el caso del personaje homónimo, su "estigma, la marca de la castración" evidencia que "no sabe ni ve" (Slimobich 2011: 127).

Al señalar que la verdad se expresa solo a "medio-decir", Lacan subraya que la propia dimensión simbólica y discursiva de lo social está atravesada por un real que la (im)posibilita. Ese real no es la falta constitutiva del ser, sino una expresión de la carencia del ser que es no-siendo o que siendo no-es. En este sentido, el medio-decir de la verdad no depende de una técnica inapropiada, aunque perfectible, de acceso a la "Cosa"; responde a la dimensión vacua de la existencia:

> La palabra define el lugar de aquello que se llama la verdad. Lo que señalo desde su entrada, por el uso que quiero hacer de ella, es su estructura de ficción, es decir, también de engaño. En verdad, viene al caso decirlo, la verdad solo dice la verdad, y no a medias, en un solo caso: cuando dice miento. Este es el único caso en el que estamos seguros de que no miente, porque se supone que ella lo sabe. (Lacan, 2013: 30).

Leer a *Edipo rey* desde tales coordenadas lleva a vislumbrar a la temática del secreto ya no como lo que supone un ocultamiento, sino como lo que se encarna desde la imposibilidad, es decir, no como un instrumento, sino como forma que encierra el vacío, como *forma productiva de la imposibilidad*. Y en ello la noción de lo real resulta crucial, pues ¿cómo entender lo real sino como lo que evidencia el fracaso de todo intento por aprehender los secretos de la existencia? ¿Cómo acotar su comprensión, sino al asociarlo a su valor disruptivo, su manifestación desde el trastocamiento de las certezas y representaciones que unifican lo que nunca ha estado unificado más que por obra de una operación imaginaria de sutura? Precisamente por lo real, el psicoanálisis lacaniano ayuda a entender los problemas de la socialización, con sus imperativos, con sus represiones y mandatos. Precisamente por lo real, lo simbólico se ve en jaque sin entenderlo como completamente ajeno a él, sin tampoco concebirlo como intrínsecamente propio, sino como éxtimo. Y precisamente por el nudo, la ontología lacaniana puede habilitar un modo de leer sobre la singularidad y desde la singularidad de los discursos, viendo cómo estos son contingentes y cómo solo algunos –no todos– jalonan la "realidad".

A partir de este aspecto primordial, la política no puede ser ya figurada como obturación de una expresión natural, como negación de los desacuerdos sociales, como el paraguas de una comunicación perfecta o la condensación de identidades esenciales. La política, por tanto, tampoco puede proseguir al discurso religioso allí cuando este afirma que la experiencia del vacío es una de las manifestaciones misteriosas de la divinidad; mucho menos secundar al científico-técnico dominante que confía en su capacidad infatigable de mensurar y manipular a lo real como si dejase en algún momento de ser esquivo, como si fuese dócil. A la política solo le queda lo imposible, hacer de la imposibilidad la materia con la que inventa un mundo. El radical paso ontológico dado por Lacan con respecto al saber filosófico moderno estriba, precisamente, en que también el sujeto cartesiano es un real. O mejor, que es uno de los nombres de lo real, en cuanto emergencia dislocada de una estructura de por sí ya dislocada (Laclau, 2000).

Visto así, la figura de Edipo remite a una caracterización bien distinta de la que propone Foucault, para quien su historia expresa la conjunción del saber y del poder del tirano rechazado por la filosofía. Pero Edipo es quien se anoticia de que su poder y su saber se muestran en una relación "no-relación". Si Hegel aparece caracterizado por Lacan como el "más sublime de los histéricos" (2012: 36), es porque creyó anudar saber y verdad en un sujeto absoluto. En su búsqueda de certezas, Edipo no encuentra ni el saber ni la racionalidad de lo real, sino el vacío que lo constituye como sujeto; y hacia el vacío se dirige cuando se sabe maldito, descentrado.

La verdad no-toda se pronuncia en boca de Edipo porque no hay forma de que pueda ser dicha sin un resto. La diferencia es que Edipo se identifica con la palabra plena. En el propio lenguaje habita una oquedad inerradicable que explica los múltiples significados de un significante y la incapacidad innata del sujeto por dar con el trasfondo de su historia. Es por ello que Lacan no encontró en lo simbólico y en la palabra la posibilidad de restituir plenamente la falta, más bien vio en la falta que inscribe la singularidad del sujeto un modo siempre particular de hacer. Al retomar una dimensión semejante, la singularidad aparece como constitutiva de lo simbólico en la medida en que su carencia es, asimismo, su fuente. En el terreno de lo político, las disposiciones adoptadas por un orden son las que lidian con estas cuestiones. Nunca una forma política podrá darle fin o evitar las defecciones o las interrupciones que impulsan a obturar o administrar lo real –tal como procuré mostrar en *Poderes de la abyección*–.

Lo enunciado hasta el momento me obliga a ensayar una precisión adicional. Toda posición que oficie de fundamento se encuentra lejos de una visión sobre la radical dimensión de la contingencia, pues no se trata de una metafísica que oponga realidad a apariencia o ciencia a ideología, sino de una gran metáfora sobre un hacer que solo puede enhebrar la historia desde el presente.

Fue Platón el primero en apelar a una idea de traducción para pensar los avatares políticos. Fue el primero que incluyó en su propio gesto analítico una refutación.

En sus disquisiciones ontológicas y gnoseológicas presentes en *República*, el filósofo ateniense indica que la *polis* diagramada por Sócrates –aquella gobernada por filósofos–, en caso de realizarse efectivamente, en algún momento declinaría. Esta afirmación es crucial a tal punto que todo lector del diálogo se ve impelido a cuestionarla. Pues si se trata de una construcción organizacional perfecta, susceptible de verificación mediante la razón, proveniente de un mundo en el que las cosas son, efectivamente, eternas, sin variaciones, ¿cómo podría entonces desaparecer? Formular así este interrogante soslaya que Platón, desde las primeras líneas de *República*, comunica que hay un mundo inteligible y uno sensible, un mundo de las ideas y otro de los entes, uno donde las cosas son y otros donde se revelan como mero reflejo, como apariencias. Por lo tanto, la política de la verdad, diagramada por los filósofos, es imposible. Lo que permite concluir que, para Platón, la política es un hacer sobre esa posibilidad/imposibilidad. En otras palabras, la verdadera política nace del fracaso de la política pura, lo que es un oxímoron. Es decir, la política efectiva nace solo cuando se asume que los filósofos no podrán gobernar. El punto, entonces, es cómo sostener un mundo agujereado.

Porque para Platón, aquellos hombres y mujeres vinculados a la filosofía podrían gobernar por años, pero, en algún momento, en algún punto del devenir de la historia, la contingencia acabará con la posibilidad de que ese sistema se reproduzca. Los individuos con capacidades innatas para la filosofía dejarán de estar al frente de los asuntos de la *polis*. ¿Quién, no siendo filósofo, gobernará en ese intervalo para sostener un futuro *régimen* de filósofos? ¿Quién y cómo podrá conservar una configuración semejante que ata el saber y el poder allí donde el sujeto político específico, piedra angular del sistema, ya no existe en términos empíricos? Nada se le puede recriminar en este punto al célebre pensador ateniense, solo ubicar cabalmente el lugar que le queda a la política en el esquema final de *República*. De hecho, como ya he sugerido, ¿no señala allí Platón, desde las introductorias palabras del anciano Céfalo, que los sentidos engañan? ¿No expresa, a lo largo de todo el diálogo, que este mundo, el sensible, es el del error y el de la muerte? Si el problema no radica en el concepto, que es perfecto, ni en el filósofo que sabe, y si por el contrario la cuestión estriba en la ontología misma atravesada por el principio de la corrupción, es la traducción la que nace fallida, la que no sirve para pensar la política. Dicho en otros términos, hay un hiato, un verdadero abismo, entre el concepto y la realidad, que no responde a la impericia del filósofo o a un momento primitivo del saber, sino a la naturaleza misma de las cosas. Y ante ello, nada se puede hacer más que intentar gestar una estabilidad del orden simbólico, porque el orden simbólico existe para construir estabilidad. Y esa estabilidad es la que convoca al político ante la seriedad de la vida[37].

Es obvio que se pueden ver aquí otros esquemas sobre la traducción que han insuflado a diversos discursos políticos. Quisiera a continuación, y muy acotadamente, mencionar dos que nacieron en pleno período de entreguerras europeo.

El primero de ellos remite a Walter Benjamin (1971), quien hacia 1923 redactó "La tarea del traductor", breve ensayo cuya interpretación suele presentarse de la mano de otro de su autoría, intitulado "Sobre el lenguaje general y sobre el lenguaje de los hombres" de 1916.

Si en este escrito el pensador vienés presenta una visión sobre la ruptura entre la palabra y la cosa, entre el nombre divino y el objeto, es decir, una visión sobre la caída y la espera de un reencuentro que se figura inalcanzable, en aquel ensayo de principio de los años veinte deja abierta la posibilidad de establecer un eco que reactivara el sentido original de la lengua perdida; lengua que no está del todo ausente: "la verdadera traducción es transparente, no cubre el original, no le hace sombra, sino que

---

37. Me permito subrayar la recuperación del idealismo efectuada por Rodrigo Ottonello (2021).

deja caer en toda su plenitud sobre éste el lenguaje puro, como fortalecido por su mediación" (1971: 139). Así, Benjamín parece plantear una suerte de realización del porvenir, vía los senderos fatigosos de un conocimiento sobre el lenguaje que anida en la traducción (Mendoza Solís, 2013), lo que permitiría dejar siempre abierto el contacto con la divinidad.

El segundo ejemplo concierne a Antonio Gramsci (1999), quien desde una escritura no menos críptica que la del alemán, pero acaso más fragmentaria, dejó algunas lúcidas consideraciones en sus cuadernos carcelarios redactados entre 1929 y 1935.

La tarea de traducir se opone, para Gramsci, a cualquier intento por trasladar o copiar una experiencia, algo que ya había señalado Benjamin. Un intento semejante no haría más que mostrar por qué toda mecánica resulta inocua, ya que siempre hay otro en la traducción, es decir, más de un polo que interviene modificando la experiencia. Se trata, entonces, de asumir elementos que hacen a las particularidades de una *praxis* política, siempre situada, siempre informada por la historia. En ese marco, una tentativa comunista como la que el propio autor italiano impulsaba en su Italia, debía lograr aquello que ya se había gestado en Francia, por ejemplo, con el jacobinismo y en Rusia con el bolchevismo –habilitar el triunfo de una revolución social–, pero de un modo singular, atento a la tradición de la península. Por ello, el camino hacia el objetivo no podía consistir en replicar instancias conceptuales y operativas de otros países. Este asunto que le preocupaba tanto a Gramsci ya había atormentado a Lenin y a los populistas eslavos poco tiempo atrás, sobre todo al interrogarse sobre las posibilidades de acción en la Rusia zarista, una nación que no entraba fácilmente en las descripciones marxianas más divulgadas.

Comprendiendo la experiencia que triunfó en 1917, Gramsci pretendió subrayar la primacía de las variaciones culturales de cada espacio de representación, inscribiéndolas en un mismo *ratio* de acción histórica y, por lo tanto, no observándolas como parte de una Modernidad descentrada (Ingerflom, 2017). Desde su mirada existe algo que puede ser traducido, a pesar de las diferencias y a pesar de las lenguas. Lo heterogéneo queda al servicio de una causa universal:

Así, es preciso ver si la traductibilidad es posible entre expresiones de fases distintas de civilización, en cuanto estas fases son momentos de desarrollo de una hacia la otra y que, por lo tanto, se integran mutuamente; o si una expresión dada puede ser traducida con los términos de una fase anterior de una misma civilización, fase anterior que, sin embargo, es más comprensible que el lenguaje dado, etc. Aparentemente, se puede decir que solamente en la filosofía de la praxis la "traducción" es orgánica y profunda, mientras que en otros puntos de vista es a menudo un simple juego de "esquematismos" genéricos. (Gramsci, Cuaderno XI, par. 47).

Señalo estos ribetes porque ya sea desde la revelación de eso no-revelado (Benjamin) o desde la posibilidad de la puesta en marcha de una *praxis* que se valga de las situaciones progresistas de la historia en distintas latitudes y las adapte a las normas de un lenguaje político siempre particular (Gramsci), ambas perspectivas denotan que lo esencial puede ser recuperado o reactivado. En cierta medida, tales posiciones sobre la traducción se emparentan con aquellas que, en el mismo período histórico, remarcaron un fundamento de lo político a partir de la idea teológica de representación. Acaso la tentativa más renombrada en esta línea fue la formulada por Carl Schmitt (2009) en los primeros años de la década de 1920. Como se sabe, este polémico jurista indicó que la teología-política concernía una suerte de traducción, aun cuando jamás lo dijera en esos términos.

Dios, quien ya no se comunica en el mundo, aparece como lo trascendente que se reactualiza en la Tierra mediante canales secularizados. Toda comunidad articula, para Schmitt, su forma de vida con base en una dimensión que la excede, es decir, una dimensión que subraya valores, normas y creencias que se consideran justas y, por eso mismo, universales. El asunto es que cada unidad procura darse una existencia acorde a esa verdad. Su autoridad debe hacerlo anudando lo "alto" con lo "bajo", a "dios" con el "pueblo", a la "Idea" con su "realización", tal como hizo Cristo al llegar al mundo. Sin embargo, para Schmitt, el mundo carece de certezas, de manera que la dimensión universal de la teología tiene una expresión siempre particular atada a la diferencia y al conflicto. Por ello, no hay posibilidad en el mundo de un universo, sino de un pluriverso de unidades políticas[38]. Por ello, la teología política es una formulación que muestra la negación, la contradicción interna, entre sus términos, esto es, entre la teología de vocación universalista y la política de realización siempre particular.

Desde una lectura lacaniana podría decirse que toda traducción se muestra vedada o, mejor dicho, que el lenguaje es ya una traducción imposible y, por ello mismo, abriga la equivocidad. La realidad se articula a partir de una metáfora que permite el encadenamiento simbólico-imaginario en el cual se alojan las experiencias de los sujetos. Habitar la lengua –y ser habitado por ella– es una forma de vivir la falta y, en consecuencia, de tropezarse con lo intraducible que alimenta la historia. Dado que no es mi tarea aquí adentrarme en una revisión pormenorizada de las múltiples vetas del problema de la traducción –sino derivar de lo recientemente comentado una premisa sobre la idea de algo así como una "traducción política de la traducción"–, diré que lo real alude al estatuto de la verdad y es ahí desde donde hay que repensar *Edipo rey*.

Para ser bien claro, sus versos indican que la política carece de un fundamento último y que, en todo caso, su secreto consiste en la forma en la que se articula ese vacío. Así, las interpretaciones sobre el conocimiento del autor y el saber del héroe anteriormente trabajadas, alumbran la punta de este problema, más no permiten avanzar en algunas de sus consecuencias más eminentes para lo político. De lo que se trata en este libro es, precisamente, de indicar que el conocimiento y el saber no pueden con la verdad, y que es esta última la que emerge como real. Para justificar tal apreciación, en el próximo capítulo analizaré cómo se desenvuelve el vínculo entre hombres y dioses en la trama sofocleana, pues es en esa no-relación que la historia del héroe Edipo cobra un matiz crucial para pensar la ontología.

Si no hay posibilidad alguna de traducción, de recuperar lo divino en el mundo de los hombres y mujeres, toda comunicación sobre lo esencial se muestra vedada. En *Edipo rey* la imposibili-

---

38. Trabajé esta problemática en detalle en *Lo político y la derrota. Un contrapunto entre Antonio Gramsci y Carl Schmitt*. Recomiendo, asimismo, para una lectura renovada de la teología-política, consultar el reciente libro de Preterossi (2022).

dad ontológica se manifiesta en los avatares de una comunicación revelada a los mortales para su comprensión, pero degradada ante sus malos entendidos. Acaso distanciándonos de Goux, quien señala que "la desgracia del héroe es la prueba de la existencia de los dioses" (1999: 109), podríamos decir que la desgracia de Edipo es la prueba de la barrera que ya no puede ser franqueada ni por los dioses, ni por los hombres, al menos no sin tragedia, no sin distorsión, sin fractura que inestabiliza la forma de vida comunitaria.

El Oráculo que enuncia vaticinios no pretende engañar al destinatario de su mensaje, pero sabe que puede no ser entendido por este. Un mar de significantes, repletos cada uno de ellos de un océano de significados, se le presentan al receptor y le confieren la certeza de las incertezas. Por ello todo mortal que cree saber qué le han profetizado no puede escapar de las ironías del destino. Actúa y, aun así, una red lo atrapa. Fracasa –he aquí lo importante– porque los dioses comunican su verdad con el lenguaje humano, el único que abriga lo real y admite, como constitutivo, un ruido inexorable, inerradicable. Por ello mismo hay que buscar lo político al borde del pensamiento trágico; ese borde es Creonte[39].

---

39. Entiendo por "borde" eso que pasa al costado de la historia del protagonista, pero sin lo cual no hay historia que contar o, si se quiere, no hay cómo contarla. En el caso de la pieza sofocleana, es obvio que el centro es Edipo –el héroe que cae en desgracia–, mientras Creonte –el perfecto auxiliar de la autoridad– es la periferia. Su figura se compone de esos pliegues que soportan la trama trunca y rota del más famoso de los incestuosos y parricidas hombres que alguna vez haya gobernado. Existen, por otro lado, interpretaciones que se decantan por ver en el centro de la tragedia a lo político y en el centro de lo político a la tragedia. Eduardo Rinesi (2011), por ejemplo, encuentra lo irreconciliable del género –eso de lo que ya había alertado Hegel– en la naturaleza misma de lo político. Eduardo Grüner (2002), por su parte, hace de la tragedia el fundamento de lo político al entenderla como la articulación simbólica crucial con un "afuera" que se busca olvidar y reprimir –tal como habría avizorado Freud con el asesinato del padre de la horda primitiva–, para así sostener el imperio de la ley. Probablemente las afinidades teórico-políticas de Grüner lo llevan a no visualizar la "tragedia" que implica el sostenimiento de la ley y de sus instituciones. En este sentido, la idea de "borde de lo trágico" a la que recurro encuentra un matiz en todo esto: hacer de la tragedia lo político –su verdad o su fundamento– amplifica el riesgo de no ponderar adecuadamente que el conflicto constitutivo (Rinesi) u originario (Grüner) que expresa una historia como la de Edipo, solo es pensable como expresión de elementos que conforman una unidad, esto es, como partes de una *unidad posible en su imposibilidad*. Esta afirmación la explicitó Hegel, más allá

Una visión como esta, entonces, no podría ser jamás compartida por perspectivas como las de Foucault, tan atentas a observar esquemas que se complementan, de manera perfecta, sin resto alguno. Acaso se asemeja más a una como la de Orsi, que plantea una apertura de sentido que complejiza toda obturación de los diversos significados que habilitan un mensaje. Por eso es que coincido cuando dicha autora arguye que:

> dada la religiosidad que era proverbial en Sófocles, la vía hermenéutica más prometedora para abordar la tragedia de *Edipo rey* es, sin duda, la de tratar de desentrañar el papel que en ella desempeñan los dioses y los oráculos mediante los que su voluntad se hace manifiesta. (2007: 256)

Esta coordenada se vuelve ontológica en la medida en que la ambigüedad es ineliminable y alude, por ende, al problema político de gestar una vida común desde el vacío. Por ello, en *Edipo rey*, lo real del sujeto emerge ligado a lo real de la política; por ello Edipo, el autócrata, el héroe, el gobernante sabio es, también, un *entre*, es decir, es ese *entre* que se ve atravesado por el peso de Tiresias y Creonte, por esa dualidad de registros que conectan a la cuestión del vacío con los muros que los circunscriben. Hacia allí, entonces, es menester dirigir la mirada.

---

de su visión teleológica sobre el despliegue del Espíritu Absoluto. Para ilustrar mi posición al respecto, diré que, en definitiva, no hay tragedia sin una pluma torcida que garabatea palabras mal escritas en un papel manchado, pero que al fin y al cabo, la pluma, la tinta y el papel permiten que se ensaye, una y otra vez, el gesto de una escritura que debe trazarse sus propios renglones o valerse de esas líneas borroneadas por las sedimentaciones de sentido. Pensar cómo se proveen estos componentes hacen a la dimensión ontológica que este libro busca circunscribir .

Capítulo 4

Tiresias

Edipo rey es una obra sobre el secreto. Innumerables secretos componen su trama.

Yocasta esconde que su vástago, debido a la maldición que recaía sobre su marido Layo, fue entregado de sus propias manos a un sirviente para que lo abandonase a la intemperie y lo ofreciera a la ferocidad de las bestias. El sirviente oculta que la compasión lo hizo incumplir tal orden, encomendándole a un habitante de otras tierras que salvara a la criatura de pies hinchados –de allí viene, precisamente, el nombre Edipo–. Este viajante guarda la información sobre el origen biológico del niño; origen que Pólibo y Mérope, sus padres adoptivos, jamás le llegaron a plantear, ni siguiera como interrogante. Sumado a ello, el propio Edipo calla aspectos sustanciales de su biografía; nadie sabe del motivo por el cual abandonó Corinto, mucho menos del impune asesinato que cometió.

Todos estos elementos enlistados, y otros que bien se podrían adicionar –los enigmas a través de los cuales se comunica la Esfinge, por ejemplo–, sugieren que la obra de Sófocles es una obra sobre el develamiento de secretos; sobre diversas operaciones de desocultamiento que terminan, casi como efecto dominó, construyendo una verdadera tragedia, indisociable del destino de una ciudad. Sin embargo, aun cuando todos se develaran para configurar un único drama personal, la dimensión ontológica-política resulta decisiva.

A lo largo de la trama, Edipo muestra avidez por saber aquello que se figura reservado a sus ojos. Al hacerlo –parafraseando a Karl Jaspers (1960)– terminará destruido, tal como se lo anticipa Tiresias: "este día te engendrará y te destruirá" (par. 435)[40]. Es que Edipo no solo deberá resolver un enigma acerca de un asesinato del pasado para levantar la maldición que pesa sobre la ciudad que gobierna, deberá también, como parte de esa misma tarea, develar su propia historia. A tal punto que es impensable su vida por fuera de la historia de la *polis*, esto es, por fuera del encadenamiento entre el pasado, el presente y el futuro.

En la narración, el héroe comienza preguntando la razón por la cual hay tantos hombres rezando delante del palacio (par. 5). El sacerdote a cargo de las plegarias le responde que "ni yo ni estos jóvenes estamos sentados como suplicantes por considerarte igual a los dioses pero sí el primero de los hombres en los sucesos de la vida y en las intervenciones de los dioses" (par. 30). A lo que Edipo contesta: "anheláis algo conocido y no ignorado por mí", pues "no hay ninguno de vosotros que padezca tanto como yo" (par. 60). Así, en boca de Edipo se reafirma la dimensión política que es menester aprehender de la obra. En el énfasis sobre su figura se destaca que los asuntos urgentes requieren de respuestas urgentes; respuestas que solo pueden ser humanas, más allá del tono religioso que las solicite. Edipo mismo se identifica con esa necesidad, con los padecimientos de la ciudad que gobierna y le demanda socorro. Este es un primer elemento a considerar para pensar lo que Foucault advirtió bien: la articulación política que supone el reinado de Edipo.

Ahora bien, como se suele destacar, Edipo se distingue de cualquier otro hombre por su ingenio. Por esta cualidad es que cree poder resolver la maldición de la peste que azota a sus súbditos. En ese marco, se encuentra presto a conocer las noticias que

---

40. En *Edipo en Colono*, ya mutilado y anciano, el héroe maldito se dirige a Atenas invitado por el soberano Teseo. Allí muere amigado con los dioses y sin haber querido tomar partido en las disputas por el trono de Tebas que tiene a sus hijos varones como protagonistas. Sobre esta cuestión me explayaré en el próximo capítulo.

porta su cuñado –y tío– Creonte, tras las averiguaciones hechas en Delfos (par. 60). Anoticiado del lazo que une a las actuales tribulaciones de la ciudad con la pesada muerte de Layo, Edipo pasa a preguntarle al coro qué recuerda de aquel asesinato acaecido antes de su llegada (par. 215-280). Su intención al realizar esta consulta consiste en ver qué puede "sacar a la luz" (par. 135), qué indicio encuentra sobre lo conocido para develar el misterio que aqueja a la ciudad. En otros términos, Edipo estructura el problema con la forma de una adivinanza, tal como lo hizo la Esfinge.

Recuérdese que también escucha, en otro pasaje, y con suma atención, el relato que su mujer hilvana sobre su difunto marido (par. 710). También, con análoga actitud, recibe al mensajero de Corinto y al antiguo sirviente tebano (par. 1160). Incluso su encuentro con Tiresias responde a esta misma disposición resolutiva. Edipo apela al adivino con respeto y admiración, aunque, quizás, también, con algo de maliciosa ironía: "¡Oh Tiresias, que todo lo manejas, lo que debe ser enseñando y lo que es secreto, los asuntos del cielo y los terrenales!" (par. 300). Así, entabla un diálogo certero, caracterizado por la incriminatoria sentencia que el mago pronuncia sobre su persona. Como respuesta, Edipo le extiende una acusación no menos grave: ser miembro de un complot cuyo objetivo consiste en destituirlo de la primera magistratura (par. 375). Pero esta defensa de Edipo se diluye rápidamente de la trama, más aún cuando se descubre la verdadera identidad de sus padres. Sin embargo, antes de ese momento capital, Edipo le propina un –poco amable– interrogatorio a Creonte, a quien señala como el verdadero hacedor de la confabulación (par. 535-540) que ejecuta, a sus ojos, Tiresias. Así, Creonte es el principal acusado, puesto que solo él puede oponerse al dominio todopoderoso de Edipo, solo él puede anhelar, con cierto grado de legitimidad, el trono de la ciudad. De hecho había sido Creonte quien, tras la desaparición de Layo, se había convertido en regente.

Volviendo al encuentro con Tiresias, es notorio que Edipo no imagine siquiera el odio de los dioses a su persona allí cuando el adivino le expresa que fue él quien mató a Layo, en su viaje a la ciudad; es decir, el heroico gobernante es el origen de la maldición que aniquila a los habitantes de la polis. Edipo, en cambio, cree ver en el accionar de Tiresias un complot humano, demasiado humano, pergeñado por su cuñado, por aquel que se halla próximo al poder –y que alguna vez lo tuvo y lo volverá a tener–. Por ello, Foucault cree encontrar el signo de la verdadera ambición de Edipo; su sincera motivación por querer conservar, a toda costa, el trono que lo hace soberano. Las líneas provistas por Sófocles parecen indicar incluso una suerte de rapto paranoico del héroe que avalaría esta hipótesis:

> ¡Cuánta envidia acecha en vosotros, si, a causa de este mando que la ciudad me confió como un don –sin que yo lo pidiera–, Creonte, el que era leal, el amigo desde el principio, desea expulsarme deslizándose a escondidas, tras sobornar a semejante hechicero, maquinador y charlatán engañoso, que sólo ve en las ganancias y es ciego en su arte! (par. 380)

Pero Edipo, en verdad, no se halla en condiciones de asegurar que Creonte y Tiresias son sus enemigos. Para expresarlo en términos foucaultianos, no tiene prueba alguna de una confabulación semejante. No hay tampoco en la trama elementos contundentes que lo sugieran, que hagan de la respuesta colérica una verdadera sospecha, un asunto que los espectadores no deben dejar de abandonar del todo; de hecho, Edipo mismo no emprende una caza de brujas. En cierta medida, las palabras que el anciano adivino pronuncia antes de irse del palacio sobre la naturaleza de los asuntos humanos, sumadas a la urgencia de la situación por la que atraviesa la ciudad, hace que toda intriga palaciega no pueda sino quedar en segundo plano, sea insignificante, pues lo que está en juego es la propia dimensión existencial de la comunidad. Se trata de la vida de la *polis* en su conjunto, sin la cual no hay política, ni papel donde inscribir la tragedia de su héroe.

Por otro lado, ni el talante de Tiresias ni el de Creonte parecen corresponderse con la acusación. Como bien ha señalado García Gual, ambos "ofrecen sus servicios a la ciudad y ambos acuden en ayuda del rey" (2012: 93) afligidos por la situación. Edipo, de hecho, abandona rápidamente el tono violento de sus intervenciones para con estos dos personajes y decide concentrarse en su tarea de líder. Comprende, así, que la única política posible, en un contexto existencial, no es la de quién detenta la titularidad del poder, sino la de quien entiende que el poder camina en un desfiladero de vida o muerte. Edipo intentará descentrarse de la historia, poner toda su capacidad intelectual en deshacer cada uno de los hilos de la confusa red que se le presenta ante sus ojos, descubrir y expiar el crimen de Layo; esa red, como se sabe, terminará constituyendo la red de su propia pregunta como sujeto (Knox, 1957)[41]. Pero entiéndase bien, no es que lo central sea la historia de Edipo como individuo, sino que no hay historia personal por fuera de la historia de la *polis*[42].

De todos modos, es cierto que algo se puede encontrar entre Tiresias y Creonte. Ese algo es crucial para la lectura ontológico-política de la historia. Dicho muy rápidamente, entre ambos personajes se encuentra la respuesta al problema de la verdad y, de ese modo, el camino que explica la relación entre secreto y política.

En lo que estrictamente concierne al adivino, su figura permite comprender el vínculo entre hombres y dioses; la de Creonte, por su parte, alude al problema de la dominación política. Ambos asuntos se encuentran entretejidos. No se puede comprender la política sin la inclusión o la exclusión de lo divino. Esta dualidad comienza a entenderse ya en las etimologías de los nombres en cuestión: "Tiresias" (*Teiresías*) se vincula a la interpretación de los designios de los dioses (*teírea*), "Creonte" (*Kreon*) a la noción misma de "poder" (*kratos*). Aquello que representa el anciano, ciego y apartado personaje (Ahl, 1991) es indisociable del semblante responsable de Creonte, siempre tan dispuesto a auxiliar y soportar las órdenes de Edipo. En este capítulo dejaré a un lado su rol para concentrarme en el del ciego hechicero.

Según el ya citado estudio de Orsi (2007), Tiresias expresa un conocimiento muy distinto al propugnado por Edipo, quien apela a su inteligencia práctica para solucionar los problemas que se le presentan. Tiresias, en cambio, recibe su saber de lo "alto". Sabía, por esa fuente decisiva, la verdad del asesinato de Layo, por lo que no había secreto alguno en su discurso; de hecho,

---

41. En la versión de Séneca (1980), Edipo, que conoce el mensaje del Oráculo desde el inicio, busca utilizar las herramientas de la razón para desarmar tal acusación, mostrar su falsedad y denunciar una confabulación. Desde ya que fracasa.

42. ¿No hay algo en la propia configuración de la Modernidad que plantea una vida secreta del individuo? La famosa "reserva liberal" hobbesiana frente a la autoridad, esa palabra que se pronuncia para obedecer sin conciencia, así lo exhibiría. Esta sería, entonces, otra arista pensable en la relación entre política y secreto. Le agradezco a Tomás Speziale el comentario.

aunque con evidente disgusto, comunica lo que sabe y la manera de expiar la injusticia. Se podría entender que, para Sófocles, "el saber del adivino es superior al saber del rey, que desprecia sus advertencias" (García Gual 2012: 168). Sus palabras, incluso, son tomadas como una afrenta por Edipo, por lo que creyó necesario responderlas con un agravio –ser un confabulador–, del cual el adivino se desliga rápidamente:

> aunque seas rey, se me debe dar la misma oportunidad de replicarte, al menos con palabras semejantes. También yo tengo derecho a ello, ya que no vivo sometido a ti sino a Loxias, de modo que no podré ser inscrito como seguidor de Creonte, jefe de un partido. (par. 410)[43]

Así, el orgulloso Tiresias se presenta por fuera de los dominios del poderoso Edipo. Pareciera que ni se reconoce como súbdito: "me voy, porque ya he dicho aquello para lo que vine, no porque tema tu rostro. Nunca me podrás perder" (par. 450). En este sentido es lícito preguntarse, abusando de cierta abstracción, ¿qué puede interesarle, a un iniciado en los secretos divinos como Tiresias, las bajezas del mundo y las intrigas palaciegas, es decir, cualquier pormenor de un mundo ya decadente? ¿Podría haber hecho suyas las palabras que Jorge Luis Borges (2011) le adjudica al protagonista de su excelso cuento "La escritura del dios", Tzinacán, aquel mago maya encarcelado por los conquistadores españoles: "quien ha entrevisto el universo, quien ha entrevisto los ardientes designios del universo, no puede pensar en un hombre, en sus triviales dichas o desventuras, aunque ese hombre sea él" (2011: 283)? No, no podría, porque el poder que le fue concedido es residual, impotente.

Hay que ser justos con Tiresias y cuestionar este rasgo. Su alejamiento del palacio no se produce mostrando indiferencia con las circunstancias de la *polis*, más bien lo contrario, hace notar su marcado fastidio. Para algunos comentaristas, lo que realmente le

---

43. En la edición a cargo de García Gual (Sófocles 2012) se enfatiza mucho más la ofensa recibida perdiéndose, como contrapartida, cierta dimensión de politicidad presente en la traducción de Alamillo: "Aunque tú seas el rey, he de tener igual derecho a responderte. También yo tengo poder en este asunto. Porque no vivo como esclavo tuyo, sino como siervo de Loxias; de modo que no me dejaré marcar como criado de Creonte".

molesta a Tiresias es su rol secundario en la configuración tebana del poder (Bollack, 1990), lo que a su vez denotaría algo adicional sumamente interesante: cierta inhabilidad suya para articular "palabra" y "verdad". Para una comentarista como Orsi, esa interpretación no es del todo cierta, dado que "no podría decirse que después de todo el ciego está más allá de la vida política" (2007: 290). Pero, de una u otra manera, el intercambio con Edipo exhibe un enfrentamiento, una oposición sobre la que hay que indagar. Pareciera, a simple vista, tratarse de una diferencia entre dos autoridades, celosas cada una de sus dominios y áreas de competencias. No está del todo claro, empero, que ese antagonismo desencadene efectivamente una disputa, incluso sabiendo que es Edipo quien dejará de ser gobernante con el correr de los versos. Me gusta pensar que, precisamente por ese antagonismo que no se resuelve nunca, hay que lidiar con la idea de que ninguno puede predicar o decidir en el campo del otro. Esto es, Edipo no puede subordinar a un mensajero de los dioses, Tiresias no puede condenar a un rey como Edipo, incluso cuando sepa la verdad que lo destruirá. El asunto es que la verdad debe ser pronunciada por labios que no sean los de un adivino.

Esto mismo sugiere que las palabras de Tiresias no tienen peso. Visto de este modo, Edipo "no tiene razones" (Orsi, 2007: 302) valederas para creerlas. Si no las tiene el soberano, mucho menos el resto de los tebanos. Es como si Sófocles quisiera remarcar con ello que los mortales desconfían de ese saber no probado, encriptado y ya desplazado. No en vano, una de las cosas que el héroe subraya al intercambiar injurias con Tiresias es la dimensión impolítica del adivino: "vives en una noche continua, de manera que ni a mí, ni a ninguno que vea la luz, podrías perjudicar nunca" (par. 375). El peso de esta imputación aumenta allí cuando Edipo le señala a Tiresias que nada hizo para socorrer a la ciudad durante el asedio de la Esfinge, pero sí hace ahora algo para increparlo, en estos momentos de tan cruel agonía: "¿cómo es que no dijiste alguna palabra que liberara a estos ciudadanos cuando estaba aquí la perra cantora?" (par. 390)[44].

---

44. En la ya citada reversión de Séneca (1980), la impunidad del asesinato se explica por el temor a la Esfinge y su enigma (par. 245).

Decir que las palabras de Tiresias no tienen peso lejos está de que se las juzgue como falsas; incluso nadie pone en duda los dotes únicos de este personaje tan particular. Pero nadie desconoce, tampoco, que Tiresias no es un dios (Segal, 1993) y, si lo fuera, tampoco podría dominar un mundo cuya responsabilidad es de los seres humanos. En cierta medida, *Edipo rey* indica lo que todas las obras trágicas de la Antigüedad: las divinidades, cuando intervienen en los asuntos terrenales, lo hacen desde una marcada posición de retroceso, como si estuviesen dejando el espacio que antes dominaban, como si hubiese una anárquica transición que no termina nunca de cuajar. Esto no quiere decir que en la obra de Sófocles el saber humano no se articule con lo divino, pues en definitiva, las palabras de Tiresias se coaligan con los testimonios de los personajes que reconstruyen el derrotero de la muerte de Layo. Pero lo que quiero remarcar es que el relato sofocleano no implica una idea de complementación –tal como sugiere Foucault– porque las partes no son mitades de nada, no estuvieron primero y naturalmente unidas y luego divorciadas. De manera que no es su destino religarse como si nada hubiera pasado, como si su identidad no dependiera y proviniese de la fractura siempre ya operante en lo simbólico. Fractura operante en lo simbólico que se expresa en el desacople insalvable que hay entre lo político y lo teológico. Se trata, por tanto, de un "impasse" (Gallego 1999: 200). Para Vernant, de hecho, la ambigüedad constitutiva del discurso de Edipo termina por cerrarse sobre sí, remarca la tónica fundamental de la tragedia:

> El lenguaje de Edipo aparece así como el lugar en el que se anudan y se enfrentan en la misma palabra dos discursos diferentes: un discurso humano y uno divino. Al principio, los dos discursos son completamente distintos y están separados uno del otro; ni término del drama, cuando todo se haya aclarado, el discurso humano se invierte y se transforma en su contrario; los dos discursos se reúnen: el enigma queda resuelto. En las gradas del teatro los espectadores ocupan una situación privilegiada que les permite, como a los dioses, oír al mismo tiempo los dos discursos opuestos y seguir de un extremo al otro, a través del drama, la confrontación. (2002: 109)

Retomo lo expresado: con Tiresias se hace palpable la inactualidad de una función y la debilidad de un discurso. El mundo griego de Sófocles –el mundo de la democracia ateniense– sabe muy bien de la diferencia de su tiempo con el de antaño, aquel de los semidioses y héroes; abjura, también, de una determinada traducción que parte de lo divino y se dirige, con pretensión ordenadora, hacia lo humano. De hecho, ese será un camino rechazado por los propios pensadores del Ática, quienes legaron el gesto –imperante en nuestros días– de abrigar la contingencia para pensar la política. El problema, entonces, hay que buscarlo en la impotencia que Tiresias revela con su fastidio: los dioses no intervienen en el mundo, no lo gobiernan ni lo administran, no pueden legitimar el curso de los acontecimientos, *pero los hombres tampoco*. No pueden con ninguna de esas tareas, si por "pueden" se entiende eliminar la hiancia ontológica. De manera que es más profundo que decir que la obra divorcia la confusión entre lo religioso y la política (Carrasco, 2009), pues, más bien, esto muestra que son planos irreconciliables.

Si el poder es de un soberano virtuoso, y como sabemos está siempre en disputa por la dimensión conflictiva propia de lo político, puesto a prueba incluso por la contingencia, entonces no puede depender de la verdad, que es inmutable y divina. En todo caso la verdad del poder proviene de otro lugar, acaso de la capacidad de construir muros que logren mantenerse firmes ante los avatares de la fortuna, ante la imposibilidad de blandir un sustrato último de verdad. La política está obligada, así, a desplegar un saber-hacer con ese medio-decir de la verdad que permite gestar un mínimo mundo común. Visto de este modo, Edipo no es el tirano que todo lo sabe o que todo puede hacer gracias a su saber; es el tirano que gobierna con un saber que estima demasiado, que cuando cree dar con la verdad, no encuentra la razón de las cosas. De hecho, le esperará un resto insuperable. Esto edifica, precisamente, el diálogo que establece su personaje con el adivino.

Al recibirlo en el palacio (par. 300), Edipo le señala el carácter de iniciado y le pide ayuda a la manera de un suplicante (par. 325). Tiresias se niega porque las razones de la maldición "llegarán por sí mismas", aunque "las proteja con silencio" (par. 340). Tras la insistencia del gobernante, el mago finalmente anuncia quién es el asesino de Layo. Edipo no puede refutar tales palabras, le parecen algo descontextualizadas, pronunciadas simplemente para dañar su posición de autoridad, por lo que esgrime, abiertamente, que el adivino dice algo "enigmático y oscuro"[45] (par. 439), esto es, algo incomprensible y pernicioso. Tiresias le replica con evidente malicia: "¿acaso no eres tú el más hábil por naturaleza para interpretarlo?" (par. 440), para luego finalizar expresando: "aunque tú tienes vista, no ves en qué grado de desgracia te encuentras ni dónde habitas ni con quiénes transcurre tu vida" (par. 410). De lo que se trata aquí es de una desigualdad en el reconocimiento del saber que cada uno posee o cree poseer: el del rey que sabe, pero aún no sabe que no sabe, y del adivino que sabe, pero que no sabe por sus cualidades, sino por haber sido elegido por la divinidad.

El género trágico, como bien muestra Hegel en la *Filosofía del Derecho*, indica una dualidad de registros. De allí que Vernant exprese que "la ambigüedad traduce entonces la tensión entre ciertos valores sentidos como irreconciliables a pesar de su homonimia" (2002: 104). En *Edipo rey,* esto se manifiesta ya no en la falta de comprensión de los hombres o en la tosca utilización que hacen del lenguaje, sino en la imposibilidad de un entendimiento certero con la divinidad: "los dioses saben y dicen la verdad, pero la manifiestan formulándola en unas palabras que, al parecer de los hombres, dicen una cosa completamente distinta" (Vernant, 2002: 108). Los seres del Olimpo comunican la verdad, por Tiresias o el Oráculo, pero su traducción, su enunciación misma, deja siempre un malentendido que los hombres y mujeres no logran despejar. Allí se esconde el problema mismo de la interpretación y de la decisión política.

Ese resto presente en el vaticinio que recibió Edipo tiempo atrás lo impulsó a irse de Corinto, aun cuando bien podría haberse quedado, haberse suicidado o intentado cualquier otra resolución. Sin embargo, terminó convirtiéndose en el parricida e incestuoso hombre que estaba destinado a ser. La ironía trágica implica que el héroe se ve impulsado a actuar y al actuar paga un

---

45. García Gual (Sófocles 2012) tradujo tal pasaje señalando el carácter "enigmático y tenebroso" de las palabras de Tiresias. Así remarca el semblante siniestro de un posible complot.

costo que nunca contempló, que nunca pudo haber contemplado sustancialmente. El problema está en la comunicación:

> Mi padre era Pólibo, corintio, y mi madre Mérope, doria. Era considerado yo como el más importante de los ciudadanos de allí hasta que me sobrevino el siguiente suceso, digno de admirar, pero, sin embargo, no proporcionado al ardor que puse en ello. He aquí que en un banquete, un hombre saturado de bebida, refiriéndose a mí, dice, en plena embriaguez, que yo era un falso hijo de mi padre. Yo, disgustado, a duras penas me pude contener a lo largo del día, pero, al siguiente, fui junto a mi padre y mi madre y les pregunté. Ellos llevaron a mal la injuria de aquel que había dejado escapar estas palabras. Yo me alegré con su reacción; no obstante, eso me atormentaba sin cesar, pues me había calado hondo.
>
> Sin que mis padres lo supieran, me dirigí a Delfos, y Febo me despidió sin atenderme en aquello por lo que llegué, sino que se manifestó anunciándome, infortunado de mí, terribles y desgraciadas calamidades: que estaba fijado que yo tendría que unirme a mi madre y que traería al mundo una descendencia insoportable de ver para los hombres y que yo sería asesino del padre que me había engendrado.
>
> Después de oír esto, calculando a partir de allí la posición de la región corintia por las estrellas, iba, huyendo de ella, adonde nunca viera cumplirse las atrocidades de mis funestos oráculos. (par. 775)

Se podría pensar que los dioses pretenden engañar o, acaso, presentarles a los mortales enigmas capciosos como forma de venganza, para ponerlos así, una y otra vez, a prueba, para torturarlos con su libre arbitrio. Sin embargo, ¿cómo acreditar esa presunción? ¿No termina Edipo, y como él otros personajes míticos de las tragedias, cumpliendo con lo vaticinado a partir de un accionar tan consciente como inútil?[46] Lo que quiero manifestar con esto es que el problema de la comunicación que indica la tragedia no es externo al lenguaje sino interno a él, constitutivo. Visto de este modo, alude, de manera fabulosa, al anudamiento entre lo real, lo simbólico y lo imaginario; el hiato entre significante y significados,

---

46. Sobre el particular: Graves (1985).

las representaciones que ya se encuentran inscritas en la propia pluralidad de interpretaciones que abriga el mito y el género que las reelabora. Siguiendo a Dodds (1966), cabe afirmar que los hombres y mujeres no pueden ser marionetas de los dioses, pero tampoco individuos capacitados para lidiar con lo inhóspito de la existencia, para creerse emancipados de un elemento que los excede. Por ello no se trata de un lenguaje perdido que puede ser revisitado a partir de su reverberancia –tal como sugiere Benjamin–, sino de una imposibilidad constitutiva, de un malentendido inerradicable (Rancière, 1996). Parafraseando a Lacan, podemos saber qué hemos dicho, pero no lo que el otro escuchó.

Que Edipo haya entregado la respuesta correcta a la Esfinge significa que solo pudo pronunciar la verdad a medias. Se podría hipotetizar, inclusive, que ese pronunciamiento provino de todo un encadenamiento conceptual, intelectual y hasta filosófico, pero en verdad Edipo nunca supo lo que sus palabras conllevaban. Tampoco estaba en condiciones de entender lo que Tiresias vociferó contra él. Aun así, no había forma de que el adivino pudiera anoticiar al héroe de cómo determinados hechos llevarían a que, articulados en una determinada situación, implicaran el despedazamiento de su identidad. A pesar de su valorado ingenio, "el discurso secreto" que se iba "formando sin que él lo sepa, en el seno de su propio discurso" (Vernant, 2002: 108) resultaba imposible de manipular: "considerado desde el punto de vista de los hombres, Edipo es el jefe clarividente, igual a los dioses; mirado desde el punto de vista de los dioses, aparece ciego, igual a nada" (Vernant, 2002: 111). De hecho, ciego quedará, como signo de castración, igual que Tiresias, pero sin favor alguno de la divinidad hasta que sea redimido por ese orden de sentido y se le permita descansar en una tumba, secreta, tal como aparece en otra obra de Sófocles, intitulada *Edipo en Colono*.

Gracias a este poeta griego podemos ilustrar la ontología lacaniana en el terreno de la política. Los humanos podrán producir un tipo de saber que se articule a algo en apariencia bien definido, que responda a algo en apariencia externo a esa misma operación, pero no podrán nunca hacer que su saber se ate a la verdad, a una verdad toda dicha que abreve en un fundamento último de la existencia. Los héroes de la tragedia son víctimas de esa dualidad entre dioses y hombres, que no encuentra reconcilia-ción alguna, que no permite solidificar una forma de vida social. La tragedia indica esa instancia en el que "los dioses no pueden ya, los hombres no pueden aún", por lo que aparece "una clara cesura: lo que ha sido, lo que habrá de ser", pero "ni unos ni otros tienen poder en el momento presente" (Gallego, 1999: 200). Así, los poetas griegos más eminentes relocalizaron la apertura que supone esa escisión, ubicaron lo mítico en el propio terreno de la acción humana sin garantías que atraviesa a la política:

> Si los héroes trágicos son radicalmente distintos de los héroes míticos, es ante todo porque los primeros no pro-ceden de una anterioridad a la Ley, ni para fundarla, ni para ejercerla en su beneficio, sino que viven, sin esperanza de retorno, las contradicciones y las exigencias, a veces con-trarias, de la Ley. Si bien oponen la ley a la ley, no oponen nada a las leyes. Desde este punto de vista, los héroes épi-cos ya no son héroes míticos o, si se prefiere, ya son héroes trágicos. (Augé, 1993: 192)

Queda entonces por ver de qué manera esto impacta específicamente en el accionar político, en la dominación que implica la política. La figura de Creonte debe ser revisada con suma atención. Como se verá, Creonte representa lo opuesto a Edipo, ya que despliega su saber desde la ignorancia. Será este personaje el que permitirá indicar que el secreto de la política no es otro que aquel que permite anudar la carencia de un fun-damento último y sostener la estabilidad de la vida social. De allí la hipótesis consignada al principio de estas páginas acerca de que la política nace del secreto; de allí que esto no sea otra cosa que afirmar que el secreto de la política consiste en el modo en que se teje una dominación que logre conjurar sus amenazas.

Capítulo 5

Creonte

Si Tiresias es el personaje que permite mostrar de forma más precisa las implicancias de la desconexión entre verdad y saber en la obra de Sófocles –es decir, la distancia entre el mundo de los dioses y el mundo de los hombres–, y si es aquel cuya palabra no puede insertarse o dar lugar a un régimen de poder anclado en lo divino, Creonte es la figura política por antonomasia; es la metáfora de la estructura que permite lo social. Es, sin lugar a dudas, quien expresa el mínimo de orden necesario para que los asuntos políticos marchen, de alguna forma.

A diferencia del viejo adivino, el cuñado y tío de Edipo aparece en numerosas escenas de la mencionada pieza sofocleana. Su presencia no es para nada fugaz. Inclusive cuando no pronuncia palabra alguna, parece estar siempre allí, en el centro de los acontecimientos, próximo al soberano para socorrerlo si este lo demanda. De hecho, aparece como su más fiel colaborador. Tras el develamiento de la historia del asesinato de Layo, con el respectivo ajusticiamiento de Edipo, será Creonte quien asuma como nuevo guardián de Tebas, rol que ya había cumplido en otra forzosa circunstancia.

Desde el comienzo de la trama sofocleana, Creonte aparece como alguien que conoce y reconoce la relación mando-obediencia. No casualmente responde a la acusación que le propina el propio Edipo como lo haría un buen súbdito, sin confrontar con la potestad del rey. En ese marco, señala que no le interesa conocer "lo que hacen los que tienen el poder" (par. 530) o, como figura más ilustrativamente en la edición a cargo de García Gual, "las acciones de los poderosos no las juzgo". A diferencia del marginal Tiresias, Creonte nunca se aleja del palacio argumentando ofensa o amargura alguna; más bien es quien mantiene en pie al palacio. Es clave, por tanto, adentrarse en la semblanza de este personaje. Así podré dejar indicado, como cierre del presente libro, que la historia de Edipo permite observar cierto anudamiento que todo orden ensaya a los fines de lidiar con la contingencia y la excepcionalidad. Terminaré de sugerir que lo escrito por Sófocles, visto a través de la figura de Creonte, ayuda a captar por qué la política nace del secreto y cómo, aun ante la caída de una determinada configuración específica del poder, la política consiste en restablecer ciertas fronteras. No es exagerado afirmar que Creonte es el personaje que anuda la dimensión ontológica con la óntica, el vacío de la existencia con los muros que la política recubre. Dicho esto, es fácil intuir dónde radica la diferencia entre el abnegado Creonte y el soberbio e ingenioso Edipo.

Mientras que el primero representa un paradigma de lo político que necesita de esfuerzos constantes "por trazar los contornos de una *phrónesis* asociada al poder", el segundo "no cree más que en la nobleza de su gobierno, lo que lo conduce a la *hýbris*" (Carrasco, 2009: 129), esto es, a la desmesura o soberbia, a una posición que ancla la virtud política en la persona y no en la estructura de autoridad. Edipo confía en el poder de su inteligencia, en *su* poder de obturar lo real; Creonte, en cambio, sabe que a veces nada se puede hacer ante el desborde de la excepcionalidad, solo evitar que ese desborde destruya la unidad política. En este sentido cabe tener presente lo trabajado en los últimos capítulos: Edipo es una autoridad que se presenta como la superación del hiato insalvable de la existencia; hiato que lo ubica a él en oposición a Tiresias y no en complementación con lo divino. Su condición de héroe lo vincula a un ideal de autarquía tan absoluto como endeble, pues toda su figura hace gala de una capacidad para sobreponerse a las circunstancias que, finalmente, se mostrará estéril.

Edipo no solo elegirá el ostracismo y la mutilación para expiar sus errores, sino que además perderá toda condición de politicidad. Es cierto, cumpliendo con su función de soberano, dando con el misterio del asesinato de Layo, pagará con su propia vida política su último y terrible acierto. Pero en ningún momento se le cruzó por la mente fraguar la verdad de los hechos para sostener su poder político. Ahora bien, la ciudad diezmada, salvada al fin por la expiación, quedará al borde del caos. En este sentido, Edipo no actúa con virtud política alguna: no es prudente. Sentencia sin conocer al acusado, dictamina sin tener las fichas de todo el tablero delante de sus ojos. Y eso no es un mero cálculo personal, pues no podía concebirse como el asesino del rey. En todo caso este apego a su palabra muestra que Edipo nunca sale de ella, porque los términos de su propia posición lo impiden. Tras su caída como gobernante, Tebas deberá restaurar el lazo de autoridad a fin de coser las heridas producidas por los horrores sufridos desde la juventud de Layo, por todas las injusticias impagas acumuladas. Será precisamente Creonte –que no es un héroe sino un político– quien deberá ocuparse de hacerlo.

Con esto en mente quisiera señalar que es Creonte quien lidia con los momentos más terribles de la historia de Tebas; más específicamente dos momentos donde el orden se ve interrumpido y, por ende, en peligro la unidad política. El primero, tras la desaparición de Layo y la llegada de la Esfinge; el segundo tras la caída de Edipo, tras el conocimiento de las aberraciones efectuadas por la casa real. Aquí la legitimidad real se encuentra en jaque. Pero el punto es que en cada una de estas circunstancias, Creonte restaura o corrige los eslabones débiles de la cadena de poder. Entendiendo su fragilidad intrínseca, su carácter siempre suplementario, despliega una *praxis* atenta a lidiar con las emergencias que amenazan destruir menos a un linaje gobernante –pues él, en definitiva, no es un Labdácidas– que a la ciudad entera. Por estas cuestiones, su estatura como regente no es la de un tirano, como la que Foucault le asigna a Edipo; es la de un político que teje y repara el tejido del poder desde la tradición y, así, sostiene el convulsionado y tambaleante mundo de los tebanos.

Por ello, si algo muestra la obra de Sófocles es que Creonte actúa cauteloso ante los acontecimientos; no se expone temerariamente a la Esfinge enviada por la divinidad porque sabe que no puede vencer y sabe que debe sostener el poder desde la retaguardia, pues la retaguardia del poder es el último bastión del orden, con la desaparición de Layo, no hay nadie más en ella. Una vez vencido el monstruo, no se opone a ceder el trono al héroe, porque entiende que el poder no es de él, sino que depende de la legitimidad que se obtenga. Por ello tampoco se ve compelido a disputarle a Edipo ese lugar. La virtud de Creonte es la prudencia, no la osadía. Y acá, mal que le pese a Goux, es menester recordar que Edipo blande su ingenio y no sus músculos contra la Esfinge sabiendo que equivocarse en la respuesta le significará también la muerte; el mismo tipo de muerte que la sufrida por aquellos tebanos que se aventuraron con espadas y flechas a destruir a la maldita criatura. Evitar esa muerte le implicará gloria y, encontrarla, nada en absoluto, porque ya es un hombre errante, desgraciado. En suma, Edipo sí se expuso ante la Esfinge. Creonte, en cambio, no lo hizo, porque hubiera significado la muerte de una familia del poder. Pero para elucidar esto cabalmente es menester recuperar lo relatado en otra obra del mismo autor: *Antígona*.

En esta homónima pieza sobre la hija del parricida más famoso de Occidente, se narra que Creonte, tras la partida de Edipo, estuvo al frente de Tebas por algunos años; los necesarios para que los hijos varones que el malogrado rey tuvo con Yocasta estuvieran en condiciones de asumir el trono. Según lo arreglado entre ambos, Eteocles y Polinices cumplirían sus mandatos de manera alternada. La disputa entre ellos comenzó cuando el primero se negó a ceder el trono a su hermano. El diferendo cobró un tinte extremo, que implicó duelo, guerra y mutuo exterminio. Ante tal desenlace, Creonte debió nuevamente asumir el poder en una condición excepcional. Como es harto conocido, Antígona pretendió darle una sepultura honorífica a su hermano Polinices, a tono con lo correspondiente para los héroes de la ciudad. Pero Polinices no podía recibir tal reconocimiento, pues en vida solicitó ayuda a la ciudad rival de Argos para obtener el poder retenido indebidamente por su hermano, lo que implicaba una clara traición a Tebas. Creonte inquirió a Antígona desistir de tal intención. La heroína violó la orden del regente asumiendo el terrible castigo –conocido por todos– de pagar con su propia vida la desobediencia. Hemón, su prometido, hijo de Creonte, se anotició prontamente del final de su amada prima. Acto seguido, intentó cobrar venganza contra su padre, a quien culpó del terrible hecho, pero, finalmente, decidió acabar con su propia vida. Su madre, Eurídice, una vez visto el cuerpo de su hijo sin movimiento alguno, emuló esa fatídica resolución.

Creonte, el "defensor del orden" (García Gual 2012: 133), pagó un costo elevadísimo por hacer respetar las normas de la ciudad; normas que él no inventó, pero las cuales debía hacer cumplir. En ningún momento de la trama Sófocles sugiere que Creonte se arrepintió de su apego a la norma. Hay que suponer que entendió que un gobernante solo cumple una función, y que la ley no depende del arbitrio de su persona. Con su actitud inflexible, Creonte apeló a una universalidad, eso que posibilita la construcción de una unidad política. A diferencia del "individuo-Edipo", el "individuo-Creonte" no importaba en la historia de Tebas, no debía importar para el discurrir de la *polis*. Acaso por ello es que esta segunda pieza trágica a la que apelo no lleva su nombre como título, incluso cuando sea incontestable que la vida de Creonte "se ha arruinado para siempre" (Rinesi, 2011: 255) al perder a su primogénito y su esposa y al no poder renunciar a su rol de gobernante.

Como he dicho más arriba, Creonte no es un héroe; es un político que escapa a la anteposición de su interés como padre, marido, tío o suegro, y si bien su autoridad aparece puesta en entredicho por la desobediencia de Antígona, amenazada por la venganza de Hemón y discutida por su descontento y el de Eurídice, no hace sino reforzar la importancia de la autoridad en tanto tal. Antígona no hace de su posición el motivo principal de la política; es fiel al orden doméstico, a los lazos sanguíneos y a las indicaciones que la divinidad ha dado sobre los ritos fúnebres, porque así lo siente, porque allí está su deseo. Su compromiso no implica al orden, sino que lo pone en trance por no estar articulado a él, por ser privado y particularista, descomprometido con el mundo que la rodea. Se podría decir que, a diferencia de lo que sucede con todos los héroes de las tragedias, esta heroína no fracasa, sino que triunfa, logra evadirse de la realidad; elegir su destino y cumplirlo ella misma. Antígona es la heroína desviada de Goux.

De todas maneras, estas inclinaciones no alcanzan para señalar que Antígona buscaba con su accionar reponer –aunque también: restablecer, clausurar, reactualizar– eso que en *Edipo rey* se verifica como inviable, a saber: un fundamento trascendente para lo político, una política subordinada a los mandatos de las divinidades.

Es innegable que, en su camino, Antígona tensionó el orden humano apelando a su particularidad, impulsada por el amor fraterno y el deber religioso, pero no menos cierto es que nunca quiso construir una universalidad. Creonte, quien jamás se opuso al saber divino, más bien lo respetaba así como respetaba los ritos religiosos, no dejaba de afirmar la autonomía de la política en nombre de la construcción de una unidad; unidad que no puede convalidar una excepción que lacera la eticidad. Por ello, en su *polis*, los traidores no podían recibir la venia del entierro, aun cuando tuvieran razón por las injustas causas que impulsaron su ignominia. Antígona no estaba dispuesta a subsumirse a la norma, pero tampoco se opuso a ella blandiendo otro fundamento con el que regir los asuntos públicos. Su politicidad –para decirlo rápidamente– solo encarnaba la negativa a encontrar un punto de anudamiento entre lo particular y lo común. Es, en este sentido, una postura que bien vale la pena juzgar de impolítica o libertaria[47].

---

47. En *El grito de Antígona* [2000], Judith Butler (2001) presenta a la hija de Edipo como alguien que no se enfrenta directamente a las leyes del Estado, sino que al no ser reconocida por los límites impuestos por la autoridad, persigue su íntima convicción. Lo que es preciso sostener es que Antígona, en verdad, renuncia a cualquier inclusión que no sea la propia, como si no quisiese asumir incluso la pérdida de un gesto de desparticularización, pues nunca la representación o la identificación es unilateral o genera una pura identidad. En este sentido tampoco diría que Antígona quiere efectivamente despegarse de las normas del "Estado" –como supuestamente Butler señala que habría sugerido Hegel– o que no "resuelve" el complejo de Edipo –lo que estaría, según la misma autora, en la lectura de Lacan–, sino que es reacia a pensar cierto registro de universalidad. La ley de los dioses que repone, es su Ley, no la de un espacio que en su inclusión, la excede. De modo que su historia indica que la norma no es sin resto y que el resto da lugar a repensar la norma, más no a negar su carácter crucial para la gestación de un espacio social que asume algunas diferencias como legítimas. Para entender

En cambio, en la aparente postura "conservadora" de Creonte se verifica el accionar ya no de rebajar la política a una realidad inmediata, de condenarla como si hubiese consistencia entre lo "real" y la verdad, o como si la única verdad fuese la "realidad", sino de sostener que la consistencia entre esos aspectos abre la puerta a que toda política asuma de frente sus condiciones de posibilidad. En esa visión, Antígona aparece *en* Creonte, más no Creonte en Antígona[48]. Y por ello, precisamente, la figura del regente no genera empatía entre los lectores y los eruditos, a diferencia de la figura del héroe que fracasa por no poder anudar la realidad con su deseo o la de la heroína que triunfa con una muerte impolítica. Sospecho, incluso, que algo de este espíritu que se ha recobrado de *Antígona* ilustra muy bien la maldición que recae sobre la política de nuestro tiempo, a la que ya no le podemos pedir héroes y en la que se ha instalado que solo debe ocuparse de administrar el mundo material a partir de buenos sistemas de medición. La administración que ejecuta Creonte es, en cambio, de otro tipo: asume la hiancia como la materia que debe moldear la política; asume que el político no es ni un artista plástico, ni tampoco la contingencia pura arcilla, pero también que debe ir siempre tejiendo, enhebrando las posibilidades de un mundo imposible.

Se podría decir que también se encuentra en la historia de Antígona esa misma tensión que agitó las acciones de Edipo, aunque atravesada por una sólida afirmación sobre la importancia de la decisión política en beneficio del sostenimiento de la unidad[49]. El movimiento es, sin embargo, a contrapelo del ejecutado

---

esto cabalmente será preciso reponer un poco más en qué consiste la función de Creonte.

48. De allí que deba matizarse el juicio de considerar a tales personajes de un mismo modo, como "excesivos, ambos imprudentes, ambos divinamente injustos y desmesurados" (Grüner, 2011: 26).

49. Según Grüner, "Antígona no pretende sustituir a Creonte para cambiar sus leyes por otras", por ello señala que en la obra "no se oponen dos modelos de *polis*; la oposición es entre un orden pretendidamente universal (que por supuesto expresa la hegemonía de una clase dominante) y la 'anarquía' de una singularidad oscuramente arcaica que se opone a toda Ley humana y 'positiva'. Una singularidad que todavía no ha sido moldeada por la Ley de la Ciudad, una singularidad de la 'sangre' que, si por un lado responde a un designio de los Dioses, por el otro emana de las entrañas mismas de la 'madre' tierra (de esa

por la protagonista. En la trama de esta heroína, la ley humana se mantiene a pesar de las insistentes demandas de la integrante de la casa real. Creonte defiende la autonomía de lo humano frente a la inventiva que bebe en las disposiciones divinas, algo que no había sucedido en *Edipo rey*, donde incluso es él quien le pide al soberano apelar al adivino Tiresias para dar con alguna pista que resuelva el misterio de la muerte de Layo; es Creonte quien sabe que lo político no siempre puede con la fortuna y que, por eso mismo, debe apelar a cualquier registro a los fines de salvar a la ciudad de la peste, esto es, de posibilitar la vida política. Esto se exhibe en aquel pasaje en el que Edipo sospecha de una confabulación en su contra:

EDIPO — ¿Intentabas persuadirme, o no, de que era necesario que enviara a alguien a buscar al venerable adivino?

CREONTE — Y soy aún el mismo en lo que a ese consejo se refiere.

EDIPO — ¿Cuánto tiempo hace ya desde que Layo...

CREONTE — ¿Qué fue lo que hizo? No entiendo.

EDIPO — .... sin que fuera visible, pereciera en un asesinato?

CREONTE — Podrían contarse largos y antiguos años.

EDIPO — ¿Ejercería entonces su arte ese adivino?

CREONTE — Sí, tan sabiamente como antes y honrado por igual.

EDIPO — ¿Hizo mención de mí para algo en aquel tiempo?

CREONTE — No, ciertamente, al menos cuando yo estaba presente.

EDIPO — Pero, ¿no hicisteis investigaciones acerca del muerto?

CREONTE — Las hicimos, ¿cómo no? Y no conseguimos nada.

---

misma 'madre' tierra a la que Antígona, contra las leyes de la Ciudad, se obcecará en devolver el cuerpo de su hermano)" (2002: 31). Si bien es posible coincidir con lo planteado en la primera oración de la cita –en concordancia con lo que he dicho más arriba, esto es, Antígona no expresa realmente un modelo de unidad política–, es difícil coincidir con los postulados restantes, pues ¿en qué sentido es dable pensar la "singularidad", la "sangre", la "madre tierra" de Antígona en franca oposición a la ley de la *polis* que esgrime Creonte? De nuevo: Grüner parece sostener, incluso a pesar del uso defensivo de las comillas del que se vale, que la tragedia de la hija de Edipo exhibe una distinción radical, una diferencia *real* entre instancias contradictorias en lugar de jirones internos a un campo de representación, con su no-proporcionalidad constitutiva.

EDIPO — ¿Y cómo, pues, ese sabio no dijo entonces estas cosas?

CREONTE — No lo sé. De lo que no comprendo, prefiero guardar silencio. (par. 555)

Lo dicho por Creonte recalca la diferencia entre la capacidad humana y la naturaleza de los asuntos divinos; diferencia que él mismo remarca y respeta y que no busca suprimir, y hasta incluso pretende apelar como última instancia para seguir sosteniendo la tensión. De hecho, en uno de los diálogos finales de la obra, le asegura a Edipo que debe primero comprender muy bien qué hacer para cumplimentar el castigo, pues son los dioses quienes reclaman justicia y, en su satisfacción, reside la posibilidad de que la ciudad no sufra más la peste mortal. En cambio, para la ley humana ha quedado ya claro quién es el asesino:

EDIPO — ¡Por los dioses!, ya que me has liberado de mi presentimiento al haber llegado con el mejor ánimo junto a mí, que soy el peor de los hombres, óyeme, pues a ti te interesa, que no a mí, lo que voy a decir.

CREONTE — ¿Y qué necesitas obtener para suplicármelo así?

EDIPO — Arrójame enseguida de esta tierra, donde no pueda ser abordado por ninguno de los mortales.

CREONTE — Hubiera hecho esto, sábelo bien, si no deseara, lo primero de todo, aprender del dios qué hay que hacer.

EDIPO — Pero la respuesta de aquél quedó bien evidente: que yo perezca, el parricida, el impío.

CREONTE — De este modo fue dicho; pero, sin embargo, en la necesidad en que nos encontramos es más conveniente saber qué debemos hacer.

EDIPO — ¿Es que vais a pedir información sobre un hombre tan miserable?

CREONTE — Sí, y tú ahora sí que puedes creer en la divinidad. (par. 1440)

Pero nada de este respeto significa una subordinación de Creonte al poder de la divinidad, nada de esto niega la autonomía de la política. Creonte respeta el decir de los dioses porque sabe muy bien de sus propias limitaciones para comprenderlo, ya que son palabras que provienen de otro orden de sentido. Tal como se demuestra en *Antígona*, el rol del político nada tiene que ver con el del traductor o el de un mediador entre mundos distintos, sino el de un administrador de la excepción que comprende su articulación con la normalidad. Nótese en este punto la diferencia entre ambos personajes de la política:

EDIPO — ¿Se encontró Layo con esta muerte en casa, o en el campo, o en algún otro país?

CREONTE — Tras haber marchado, según dijo, a consultar al oráculo, y una vez fuera, ya no volvió más a casa.

EDIPO — ¿Y ningún mensajero ni compañero de viaje lo vio, de quien, informándose, pudiera sacarse alguna ventaja?

CREONTE — Murieron, excepto uno, que huyó despavorido y sólo una cosa pudo decir con seguridad de lo que vio.

EDIPO — ¿Cuál? Porque una sola podría proporcionarnos el conocimiento de muchas, si consiguiéramos un pequeño principio de esperanza.

CREONTE — Decía que unos ladrones con los que se tropezaron le dieron muerte, no con el rigor de una sola mano, sino de muchas.

EDIPO — ¿Cómo habría llegado el ladrón a semejante audacia, si no se hubiera proyectado desde aquí con dinero?

CREONTE — Eso era lo que se creía. Pero, después que murió Layo, nadie surgía como su vengador en medio de las desgracias.

EDIPO — ¿Qué tipo de desgracia se presentó que impedía, caída así la soberanía, averiguarlo?

CREONTE — La Esfinge, de enigmáticos cantos, nos determinaba a atender a lo que nos estaba saliendo al paso, dejando de lado lo que no teníamos a la vista.

EDIPO — Yo lo volveré a sacar a la luz desde el principio, ya que Febo, merecidamente, y tú, de manera digna, pusisteis tal solicitud en favor del muerto; de manera que veréis también en mí, con razón, a un aliado para vengar a esta tierra al mismo tiempo que al dios. Pues no para defensa de lejanos amigos sino de mí mismo alejaré yo en persona esta mancha. El que fuera el asesino de aquél tal vez también de mí podría querer vengarse con violencia semejante. Así, pues, auxiliando a aquél me ayudo a mí mismo. Vosotros, hijos, levantaos de las gradas lo más pronto que podáis y recoged estos ramos de suplicantes. Que otro congregue aquí al pueblo de Cadmo sabiendo que yo voy a disponerlo todo. Y con la ayuda de la divinidad apareceré triunfante o fracasado. (par. 110)

Ahora bien, que Creonte no sea un héroe, no lo convierte en un timorato, mucho menos en un oportunista. De hecho, siempre con sentido de subordinación, ensaya una férrea defensa de su inocencia ante la injusta inculpación de Edipo y, cuando debe impartirle órdenes a este, una vez caído en desgracia, una vez invertidos los roles del poder, muestra una implacable firmeza, tal como sucederá ante la rebeldía de Antígona. Esto tampoco debe generar la idea de que Edipo y Creonte representan formas políticas antagónicas o formas políticas que terminan colisionando. Nada nos sugiere, en efecto, que podamos leer la obra sofocleana guiados por una problemática semejante; guiados por una interpretación que nos acerque, por ejemplo, al tópico de la *stasis* o del complot. Más bien, en *Edipo rey* se ilustran modelos políticos que se diferencian y se suceden uno a otro compartiendo una misma matriz de dominación –el poder unipersonal–, pero aludiendo en cada caso a un vínculo bien distintos con la fuente de legitimidad que es el pueblo.

Para analizar esto, la cuestión del secreto se vuelve sumamente importante, ya que el secreto de la "forma Edipo" del poder aparece visible en la rearticulación de la "forma Creonte" del poder. En esta última, el poder se reserva un margen de inaccesibilidad; en aquella, en cambio, el poder se muestra, se exhibe, de tal manera que ya no queda lugar para la intimidad, incluso para la intimidad de Edipo y la historia de su propia gestación. Edipo es el "rey desnudo". En cierto modo, nada privado le corresponde; ni su ingenio, que solo tiene sentido una vez reconocido públicamente. En Creonte, en cambio, se verifica otra cosa: una celosía por conservar algo recóndito del poder. La figura del "palacio" es clave para observar este gesto en tanto con ella se alude a algo más que el lugar donde viven y gobiernan los reyes. Es precisamente en el palacio donde la "forma Creonte" del poder gesta la dominación; es a partir de ella que se erigen los muros que imponen límites y ordenan al espacio comunitario. A lo largo de la pieza, Creonte apela a la esfera doméstica –que no es la esfera doméstica de cualquier otro habitante– como esfera privilegiada de la política. Esto se puede corroborar rápidamente en algunos pasajes. Aludiré a continuación a tres.

En el primero, Edipo se encuentra ansioso por dar con la solución al enigma del asesinato de Layo. Creonte, dispuesto a comunicar lo que averiguó al respecto, pretende hablar con el rey en la intimidad de la morada real, lejos de la mirada del pueblo. Edipo se niega:

> EDIPO — ¿Cuál es la respuesta? Por lo que acabas de decir, no estoy ni tranquilo ni tampoco preocupado.
>
> CREONTE — Si deseas oírlo estando éstos aquí cerca, estoy dispuesto a hablar y también, si lo deseas, a ir dentro.
>
> EDIPO — Habla ante todos, ya que por ellos sufro una aflicción mayor, incluso, que por mi propia vida. (par. 86)

En el segundo pasaje, una vez ya descubierto que el culpable es Edipo, Creonte aparece frente a él y, lejos de querer cobrar alguna suerte de venganza por el destrato recibido anteriormente, ejerce el rol de máxima autoridad de manera férrea, apelando al favor de la divinidad, ponderando, nuevamente, la importancia de conversar con el maldito dentro del palacio:

> CREONTE — No he venido a burlarme, Edipo, ni a echarte en cara ninguno de los ultrajes de antes (*Dirigiéndose al Coro.*). Pero si no sentís respeto ya por la descendencia de los mortales, sentidlo, al menos, por el resplandor del soberano Helios que todo

lo nutre y no mostréis así descubierta una man-
cilla tal, que ni la tierra ni la sagrada lluvia ni la
luz acogerán. Antes bien, tan pronto como sea
posible, metedle en casa; porque lo más piadoso
es que las deshonras familiares sólo las vean y
escuchen los que forman la familia. (par. 1425)

Finalmente, en el tercer pasaje, Creonte vuelve a subrayar el
oikos real al insistirle a Edipo que no exponga sus penurias en
público, que no exponga las miserias de un linaje gobernante
que aún no se ha extinguido. Con ello pretende que no se intro-
duzca una cuña de inestabilidad a una comunidad ya diezmada. Le
ordena: "basta ya de gemir. Entra en palacio" (par. 1510).

Estos reiterados intentos de repliegue hacia el palacio –repliegue que, sin embargo, no sucede– se convierte en la metáfora
más clara de la vinculación entre secreto y política. Por todos los
medios, Creonte intenta reestructurar una matriz de poder que
ya no es efectiva en la realidad; sabe, sin embargo, que el fin de
Edipo como gobernante no significa el fin de la autoridad política
en tanto tal y de la sucesión familiar que deberá garantizar a los
vástagos del rey depuesto. Es que aunque no sea un Labdácidas,
Creonte cuida los derechos de la familia real, como cuando Layo
desapareció tras su fatídico viaje[50].

*Llegado este punto de la trama es evidente que ya no hay secreto
que develar, porque ha caído la forma que podía velar cualquier
secreto.* En otros términos, ha quedado ya evidenciada la distan-

---

50. Afirma Grüner: "en la Tragedia se hace sentir la *necesidad* de esa renegación
del *oikos*, del fundamento arcaico y singular, y la necesidad de generación de
un orden exclusivamente 'político' en el sentido más o menos moderno: de un
Logos 'consciente' y activamente humano, que opere una eficaz *represión* de aquel
fundamento, de aquel 'afuera' del discurso" (Grüner, 2002: 32). Puede que sea
lícito decir, obviando la referencia problemática al *oikos* como emplazamiento
casi desanclado de lo público que rubrica la cita –que expresa el uso de una
distinción tan moderna como liberal– que ese fundamento de lo político al que
buscar aludir Grüner no lo expresaría en todo caso Edipo en su decadencia –
aunque podría haberlo hecho en el momento de su victoria contra la Esfinge–, sino
Creonte a lo largo de toda la trama que articula la historia de los Labdácidas. En
este sentido, Creonte no denotaría la represión del exceso trágico en lo político,
sino la recreación constante de la política, la huella ontológica de toda dimensión
óntica, el desligue del problema irresoluto del fundamento que tanto le preocupa
al autor argentino.

cia entre dioses y hombres; ha sido derrumbada una forma de poder que se creía capacitada para superar el agujero que hace lo real, el agujero que lo simbólico busca recubrir. Con la condena de Edipo surge la imperiosa necesidad de generar una nueva forma de poder que se ampare de la contingencia, aunque se sabe muy bien que esto nunca será posible del todo. Sin embargo, cada forma política posee su propio arcano, incluso la forma democrática. Me permito aquí recordar las palabras que Weber formulara al pensar el consentimiento que tracciona a todas las formas de dominación: "toda dominación que pretenda la continuidad es hasta cierto punto una *dominación secreta*" (2014: 1083), porque toda dominación se organiza "bajo una dirección superior" que posee la "ventaja del pequeño número" (2014: 1082) y que le permite conservar su "posición dirigente" (2014: 1083) y hacer –agrego– un mundo común. Pero esto no sugiere, desde ya, un "secreto manejado por pocos", por una vanguardia o elite; no se trata de ningún tipo de gnosticismo. El secreto puede ser un instrumento de la política, pero la política en el secreto expresa algo más.

Tal como ya he dicho, Edipo y Creonte son dos modelos distintos de dominación que replican una dualidad imposible de obviar entre gobernantes y gobernados, pero que buscan sostener una unidad. Sin embargo, estos dos modelos no plantean un mismo vínculo con los súbditos. Mientras la "forma Edipo" del poder encuentra en la legitimidad de su accionar el consentimiento activo y permanente del pueblo a su virtud personal, la "forma Creonte" se basa en el peso de la prudencia para sostener el trono de Tebas ante los hechos excepcionales. Lo relevante de ello es que en este personaje, que no es un héroe, se encuentra el reposo de la continuidad de un orden simbólico que garantiza la vida social frente a la excepcionalidad. La "forma Creonte" garantiza que la pregunta por lo justo no destruya el efecto imaginario de unidad que permite hacer de la heterogeneidad social un aspecto de lo común. Como bien señala Gallego, si bien es cierto que "el estatuto del héroe" es en la tragedia "confrontado con el carácter público y colectivo de las prácticas políticas atenienses" (2014a: 141), no hay que olvidar que en la tragedia el héroe "ya no es el personaje individual y singular de los mitos", sino que es concebido como "miembro de un cuerpo homogéneo que responde a las directivas que el conjunto establece" (Gallego 1999: 183). Siguiendo estas palabras se podría hipotetizar que Edipo es un héroe que da lugar a aquello que va a verificarse en el propio tiempo de Sófocles, es decir, en el tiempo democrático donde impera un pueblo que se da para sí un caudillo, mientras que Creonte es estructura, garantiza la lucha por sus distintos contenidos.

Los diversos intentos de Edipo por develar enigmas, por encontrar la respuesta contra la Esfinge, por descubrir al asesino de Layo y hasta por destruir un posible complot en su contra, son características de una forma de autoridad que necesita de la publicidad: Edipo es gobernante porque es reconocido por el pueblo de Tebas como un héroe salvador. De allí que se identifique con las palabras de los suplicantes; que se resista a retirarse fuera de la vista del pueblo ante cada decisión y que solo lo haga una vez que se castiga a sí mismo mutilándose los ojos, pues resulta un espectáculo que el pueblo no debe presenciar. Se retira de la mirada pública una vez que ya no tiene nada que ver con el pueblo, una vez que ha quedado roto el vínculo que lo unía a él. Creonte, en cambio, es aquel que hace posible que ese vínculo exista en su condición más mínima. Por ello es que busca, a cada momento, apartar las miradas insidiosas que nublan la situación crítica. Esta tónica de su accionar muestra que dicho personaje se opone al modelo paternalista de Edipo. Leyendo la historia a partir de estos rasgos, la conclusión no podría ser más democrática, pero en un sentido inverso al destacado por Foucault.

Para ser más claro, si Edipo hace todo frente al pueblo –piensa frente al pueblo, habla frente al pueblo y es condenado también frente al pueblo– es porque solo al pueblo le responde. Es obvio que no es un hombre de la democracia –a diferencia de lo que sugiere el mencionado pensador francés– al mantener lo político en el registro de su persona; en un hiato con el pueblo que lo hace propietario del "saber-poder". Creonte, quien no es héroe ni líder, sabe, en cambio, cuál es la quintaesencia de lo político. Sabe que el poder no es de nadie, que debe crearse desde el vacío, desde la efectividad en la contingencia, desde una estrategia proyectada hacia el *demos*. Comprende mejor que nadie que el secreto no es un detalle más para lo político y que, por ello mismo, la política debe operar en los recovecos del secretismo, debe deslizarse entre las columnas del palacio. Solo así puede sostener la robustez de una edificación institucional, cosa que Edipo no comprendió jamás[51].

Para decirlo en términos lacanianos, Edipo no comprendió la relación entre lo real y lo simbólico y, al no hacerlo, él mismo terminará apareciendo como una barrera hacia la democratización del poder; democratización que dio lugar, por cierto, al teatro griego. Creonte, en cambio, al despersonalizarse, al buscar solo administrar los sobresaltos de la vida comunitaria, es consciente que lo político implica acotamiento, de lo contrario, no habría orden efectivo alguno. Sabe que la función de autoridad es lidiar con el exceso que trastoca desde adentro, y no solo desde afuera, los presupuestos y las prácticas gubernamentales. Busca restaurar el secreto de la dominación porque solo así la política puede dar lugar a una vida estable, a la estabilidad de la vida comunitaria, a cierto pluralismo social.

De manera que Sófocles, a partir de este curioso personaje, no nos legó una obra sobre la dimensión técnica o instrumental del secreto, sino una obra que permite ver la ontología que conlleva el anudamiento propio de la política, el cual debe ser efectivo para permanecer como verdad. Su reinterpretación del mito de Edipo muestra, precisamente, que más allá de lo que habilitan las distintas formas de dominación, la política necesita del secreto para hacer posible un mundo común; para sostenerlo, modificarlo, ampliarlo y recrearlo de cara a la fortuna, porque la política misma nace del secreto.

---

51. De alguna manera, en su versión de la historia, Séneca (1980) lo advierte:

> Edipo.—¿Quién es aquél que se dirige al palacio con paso apresurado? ¿Es que está aquí Creonte, hombre ilustre por su sangre y por sus hazañas, o es que mi espíritu enfermo ve cosas falsas como si fueran verdaderas?
>
> Coro.— Sí, es Creonte, el deseado por los votos de todos (par. 204-205).

Epílogo

El secreto de la política es que no hay secreto alguno, a pesar de todos los secretos que se puedan establecer para producir un efecto que afirme lo contrario y permita, así, gestar una unidad política lo suficientemente resistente a los avatares de la fortuna. Esta tesis es la que he querido mostrar a partir de una lectura de *Edipo rey.*

Para ello traté de aventurarme a establecer una interpretación heterodoxa de sus versos, informada por estudios contemporáneos y guiada, principalmente, por premisas lacanianas, los cuales me permitieron sugerir que la política lidia con el agujero de la existencia y, en ella y a través de ella, lo imposible es fuente de lo posible. Como ya he dicho más arriba, estas páginas de *El secreto de Edipo* son una continuación –pero también una premisa– de aquellas ya publicadas bajo el título *Poderes de la abyección* en tanto ofician de repuestas a la misma pregunta: ¿cómo leer la política, sus discursos, sus problemas, su literatura específica?

Precisamente, en el primer libro de la saga, comencé una reflexión desde la noción lacaniana de lo real a partir de la idea de su imposible representación, consignando sus efectos en el espacio simbólico, tal como distintos autores del siglo XX lo concibieron. Esto me permitió fortalecer la conclusión sobre la importancia de entender el anudamiento entre los tres registros de la existencia. Así, lo abyecto apareció figurado como una imagen degradada, una imagen de la falta –y por ende ominosa–, que remite a una experiencia siempre singular: allí donde nada debe posicionarse algo lo hace y agrede la idea de totalidad que el cuerpo social posee de sí mismo. Esto es bien distinto a sugerir que lo abyecto es un producto deseado o producido por el orden, lo que no ocluye que todo orden no se pronuncie sobre lo abyecto y busque simbolizarlo.

En ese marco sostuve que no todo lo que aparece como degradado debe ser subsumido a esta noción de abyección, sino solo aquello que pone en jaque el nudo de una determinada configuración política. Para justificar tal resignificación conceptual, me ocupé de encontrar algunas aristas en el mundo contemporáneo. Remarqué, en ese tránsito, ciertas aporías teóricas de diversos discursos. Con ello pretendí subrayar que lo político no es lo que le recuerda a lo simbólico su carácter artificial, sino que es un artificio simbólico que genera un desenlace particular procurando ordenar los asuntos humanos, siempre insuflados por la contingencia. En *El secreto de Edipo*, en cambio, la misma pregunta por la ontología declinó hacia una respuesta sobre la forma en la que la política misma se vuelve posible. Recuperando la metáfora de Lacan que figura en el epígrafe de la introducción de estas páginas, reflexioné sobre los muros que aíslan al vacío, pues esos mismos muros albergan la vida y sus resistencias.

Contrario a lo que pueda sugerir una lectura despistada de estos libros, lo que busqué al escribirlos fue enfatizar la crucial importancia del "orden"; incluso la importancia de pensar al orden más allá de su forma histórica, esto es, más allá de su forma institucional moderna, pues lo político lo engloba, pero también lo trasciende. Y esto es clave para situar al Estado moderno en su correcto lugar, para verlo por fuera de la tramposa dicotomía liberal, que se recuesta en la trinchera de la sociedad civil para agredirlo, pero también para verlo por fuera de cierto fetichismo, que piensa en una nostálgica obediencia sin contenido, sin espíritu que, en verdad, nunca existió sino como fantasiosa declamación.

Debo admitir que en esta empresa me ha impulsado la íntima y certera convicción de que nada es hoy más "progresista" que defender al orden como posibilitador de la vida en sociedad. Defender su función, remarcar su condición para alojar la pluralidad y la singularidad de los sujetos, se ha vuelto un tópico menos analítico o normativo que existencial, al menos en América Latina, al menos en Argentina. Ponderarlo incluso asumiendo sus defecciones empíricas, ponderarlo para hacerle frente a ellas, pero teniendo siempre en miras a los discursos agoreros que buscan destruir y canibalizar lo común en nombre de una libertad que solo es grito de desorganización y caos. La teoría política debe mirar de frente estos asuntos y pensarlos asumiendo los enclaves, a veces poco simpáticos, que conlleva la pregunta y la respuesta por el orden y sus actualizaciones en una determinada tradición política. Esta es la herencia hobbesiana que tenemos que estar dispuestos a pensar.

Quisiera, por tanto, adicionar que a diferencia de *Poderes de la abyección*, en *El secreto de Edipo* apelé solo a una obra y a sus principales comentaristas para ver allí la interrupción y la regeneración del campo de representación. Al proponer una interpretación ontológica de su trama, traté de indicar que no hay forma de escapar del orden simbólico y que, por lo tanto, no tiene sentido alguno denunciarlo sin pensar en su rearticulación. A diferencia de lo postulado por Hans Blumenberg (2011) –quien siguió en este asunto al kantiano Ernst Cassirer–, con Lacan es posible afirmar que lo simbólico no es una suerte de medio para lidiar con el "absolutismo de la realidad", esto es, algo que excede la posibilidad humana, sino que lo humano mismo es parte de ese absolutismo, es también una forma simbólica sobrepasada de realidad. De manera que bien podría darse vuelta el pensamiento de este filósofo alemán y decir que el absolutismo es parte de lo simbólico y no lo otro de lo simbólico, y que incluso no hay nada más que dimensiones de este tipo para hacer posible la vida. Solo así se estará en condiciones de pensar, hasta sus últimos recovecos, un paradigma de lo político atento al anudamiento de sentidos que se produce en la historia.

Con la apelación a entender el secreto desde la obra sofocleana, la dimensión técnica de la política quedó de lado, o al menos pasó a un segundo plano, permitiendo ver una dimensión más primaria y elemental que la explica. Si lo real carcome desde dentro a lo simbólico, pero también aparece como externo a él, lo que hay que tener en claro es que lo que se interrumpe –tal como se evidenció en la contraposición establecida entre los personajes de Edipo y Creonte–, es solo una forma determinada de lo simbólico que busca un hacer sobre lo real posibilitado por lo imaginario. De allí que su función no caiga ni desaparezca, pero de allí también que no sea algo menor pensar en sus modos específicos.

Puede que en ese marco sea necesario considerar algunos otros tópicos que amplíen las miras de tales pesquisas. Siempre es útil considerar lo que queda afuera de una determinada forma constituida, lo que lleva a que se discutan sus desplazamientos y sus modos de producir diferencias. Pero, como ya he dicho a raíz del concepto de abyección, este tipo de ejercicios no pueden dar lugar a un asombro o a una ingenua indignación: la política es la estructuración de los desplazamientos.

Si nada hay por fuera del semblante, si la verdad es siempre dicha a medias, si no hay forma definitiva de atravesar el fantasma que vela la nada –porque tampoco hay algo último que develar–, el pensar sobre la política necesita de un pensar sobre lo ético. Creonte, como figura del orden, muestra la importancia de la política atada a una posición ética; muestra una tensión constitutiva entre el actuar y la medición de sus consecuencias; certifica, de hecho, que es esa cuerda ínfima la que permite producir algo común. Por ello, de ninguna manera la teoría política puede decantar en una crítica a lo simbólico como si lo simbólico fuese algo por lo que se pudiera optar.

Bibliografía

Abdo Ferez, Cecilia. 2023. "Metamorfosis del secreto. Transparencia y revelación en la política contemporánea", *El lugar sin límites. Revista de Estudios y Políticas de Género*, V. 5 N. 8.

Ahl, Frederick. 1991. *Sophocles' Oedipus: Evidence and Self-Conviction*. Ithaca: Cornell University Press.

Althusser, Louis. 1967. *La revolución teórica de Marx*. México: Siglo XXI.

Anzieu, Didier. 1980. *Psychanalyse et culture grecque*. París: Belles Lettres.

Apollinaire, Guillaume. 2010. *El Encantador Putrefacto - Las Tetas De Tiresias*. Buenos Aires: Losada

Arenas, Gerardo. 2010. *En busca de lo singular. El primer proyecto de Lacan y el giro de los setenta*. Buenos Aires: Grama.

Arendt, Hannah. 1996. "Verdad y Política" en *Entre el Pasado y el Futuro: Ocho ensayos sobre la reflexión política*. Barcelona: Península.

Arendt, Hannah. 1998. "La mentira en política. Reflexiones sobre los 'Documentos del Pentágono'" en *Crisis de la república*. Madrid: Taurus.

Augé, Marc. 1993. *El genio del paganismo*. Barcelona: Muchnik Editores.

Ayouch, Thamy. 2013. "Foucault a favor del psicoanálisis: verdad, veridicción, prácticas de sí", *Verba Volant. Revista de Filosofía y Psicoanálisis.*

Badiou, Alain. 2022. *Lacan: La antifilosofía 3*. Buenos Aires: Amorrortu.

Basaure, Mauro. 2007. "El psicoanálisis como saber-poder. Sobre el funcionalismo de Foucault y su crítica al complejo de Edipo", *Signos filosóficos*, vol. IX.

Benjamin, Walter. 1971. "La tarea del traductor" en *Angelus Novus*. Barcelona: Edhasa.

Benjamin, Walter. 1991. "Sobre el lenguaje en general y sobre el lenguaje de los humanos" en *Para una crítica de la violencia y otros ensayos. Iluminaciones IV*. Madrid: Taurus.

Bermúdez, Santiago. 2000. *Tiresias, aunque ciego*. Murcia: Editum.

Blumenberg, Hans. 2003. *Trabajo sobre el mito*. Barcelona: Paidós.

Blumenberg, Hans. 2011. Descripción del ser humano. Buenos Aires: FCE.

Bobbio, Norberto. 2010. *El futuro de la democracia*. México: FCE.

Bobbio, Norberto. 2013. *Democracia y secreto*. México: FCE.

Bollack, Jean. 1990. *L'Oedipe Roi de Sophocle*. Lille: Presses Universitaires de Lille-Cahiers de Philologie.

Borges, Jorge Luis. 2011. "La escritura del Dios" en *El Aleph*. Montevideo: Sudamericana.

Bowra, Cecil. 2003. *La Atenas de Pericles*. Madrid: Alianza.

Butler, Judith. 2001. *El grito de Antígona*. Barcelona: El Roure.

Canetti, Elías. 2010. Masa y poder. Madrid: Alianza.

Carlisky, Mario. 1952. Edipo y los enigmas de la Esfinge. Buenos Aires: Nova.

Castells, Manuel. 1996. La era de la información. Economía, sociedad y cultura. México: Siglo XXI.

Castro, Edgardo. 2016. "La verdad del poder y el poder de la verdad en los cursos de Michel Foucault", Tópicos, N. 31.

de Quincey, Thomas. 2013. El enigma de la Esfinge. The Sphinx's riddle. Buenos Aires: La Cebra.

Deleuze, Gilles y Guatari, Félix. 1985. *El Anti Edipo. Capitalismo y esquizofrenia*. Barcelona: Paidós.

Deleuze, Gilles. 1995. Conversaciones. 1972–1990. Valencia: Pre-textos.

Derrida, Jacques. 1998. "Notas sobre deconstrucción y pragmatismo" en Chantal Mouffe (comp.) *Deconstrucción y pragmatismo*. Buenos Aires: Paidós.

Derrida, Jacques. 2002. *Historia de la mentira: prolegómenos*. Buenos Aires: EuFyL.

Eidelsztein, Alfredo. 2015. *Otro Lacan. Estudio crítico sobre los fundamentos del psicoanálisis lacaniano*. Buenos Aires: Letra Viva.

Eiff, Leonardo. 2018. "Bitácora de lo político. El secreto entre la razón de Estado y la ilustración", *Revista de Filosofía y Teoría Política*, N. 49.

Foucault, Michel. 1996. *Historia de la sexualidad, vol. I. La voluntad de saber*. Madrid: Siglo XXI.

Foucault, Michel. 1999. "La verdad y las formas jurídicas" en *Obras esenciales, Vol. II. Estrategias del poder*. Barcelona: Paidós.

Foucault, Michel. 2009. *El gobierno de sí y de los otros*. Buenos Aires: FCE.

Foucault, Michel. 2011. *El coraje de la verdad*. Buenos Aires: FCE.

Foucault, Michel. 2014. *Del gobierno de los vivos*. Buenos Aires: FCE.

Freud, Sigmund. 1979. *La interpretación de los sueños*. Buenos Aires: Amorrortu.

Freud, Sigmund. 1992. *El malestar en la cultura*. Buenos Aires: Amorrortu.

Gallego, Julián. 1999. "El pensamiento trágico de la política democrática. El acontecimiento de una nueva justicia en la *Orestía* de Esquilo", *Getión*. N. 17.

Gallego, Julián. 2001. "La mirada trágica de la política: la democracia a través del teatro de Esquilo" en Julián Gallego (edit.) *Prácticas religiosas, regímenes discursivos y el poder político en el mundo grecorromano*. Buenos Aires: Facultad de Filosofía y Letras-Universidad de Buenos Aires.

Gallego, Julián. 2012. "La democracia ateniense en el desierto de Lemnos. El Filoctetes de Sófocles y la política del dêmos" en Laura Sancho Rocher; Ana Iriarte y Julián Gallegon (comps.) *Lógos y Arkhé. Discurso político y autoridad en la*

Grecia antigua. Buenos Aires: Miño y Dávila.

Gallego, Julián. 2014a. "El héroe trágico, el ondulante mar y la insularidad", *Dialogues d'histoire ancienne.*

Gallego, Julián. 2014b. "La crisis de la democracia ateniense a través del teatro trágico", *Argos 37/1.*

García Gual, Carlos. 2011. Mitos, viajes héroes. Madrid: FCE.

García Gual, Carlos. 2012. Enigmático Edipo. Mito y tragedia. Madrid: FCE.

Girard, René. 1986. El chivo expiatorio. Barcelona: Anagrama.

Giraud, Claude. 2007. Acerca del secreto. Contribución a una sociología de la autoridad y del compromiso. Buenos Aires: Biblos.

Gramsci, Antonio. 1999. Cuadernos de la cárcel. México: Era.

Graves, Robert. 1985. Los mitos griegos I. Madrid: Alianza.

Grüner, Eduardo. 2002. "La Tragedia, o el fundamento perdido de lo político" en Atilio Borón y Álvaro de Vita (comps.) Teoría y filosofía política. La recuperación de los clásicos en el debate latinoamericano. Buenos Aires: CLACSO.

Guidorizzi, Giulio. 2015. La trama segreta del mondo. La magia nell'antichità. Boloña: Il mulino.

Habermas, Jünger. 1981. Historia y crítica de la opinión pública: La transformación estructural de la vida pública. Barcelona: Gustavo Gili.

Hegel, G. W. F. 2004. Principios de la filosofía del derecho. Buenos Aires: Sudamericana.

Heidegger, Martin. 2005. "La frase de Nietzsche 'Dios ha muerto'" en Caminos de Bosque. Madrid: Alianza.

Homero. 2010. *Ilíada.* Madrid: Gredos.

Ingerflom, Claudio. 2017. *El revolucionario profesional. La construcción política del pueblo.* Rosario: Prohistoria.

Kant, Immanuel. 2004. *Sobre la paz perpetua.* Madrid: Alianza.

Kant, Immanuel. 2012. "Acerca de la ilegitimidad de la mentira" en *¿Hay derecho a mentir?* Madrid: Técnos.

Kantorowicz, Ernst. 1959. "Secretos de Estado (Un concepto absolutista y sus tardíos orígenes medievales)", *Revista de Estudios Políticos.*

Kaufmann, Walter. 1978. *Tragedia y filosofía.* México: Seix Barral.

Knox, Bernard. 1957. *Oedipus at Thebes. Sophocles' Tragic Hero and his Times.* New Haven: Yale University Press.

Labourdette, Sergio. 1999. *La estrategia del secreto.* Buenos Aires: Grupo Editor Iberoamericano.

Labourdette, Sergio. 2005. "Secreto y poder en la vida social", *Revista Orientación y Sociedad.*

Lacan, Jacques. 1976-1977. *L'insu que sait de l'une bévue s'aile à mourre. Seminaire 24*, inédito.

Lacan, Jacques. 1997. *Seminario 11. Los cuatro conceptos fundamentales del psicoanálisis.* Buenos Aires. Paidós.

Lacan, Jacques. 2012. *Seminario 17. El reverso del psicoanálisis.* Buenos Aires: Paidós.

Lacan, Jacques. 2012. *Seminario 17. El reverso del psicoanálisis.* Buenos Aires: Paidós.

Lacan, Jacques. 2013. *Seminario 18. De un discurso que no fuera del semblante.* Buenos Aires: Paidós.

Laclau, Ernesto. 2000. *Nuevas reflexiones sobre la revolución de nuestro tiempo.* Buenos Aires: Nueva Visión.

Laleff Ilieff, Ricardo. 2018. "La política en el secreto. Reflexiones a partir de lecturas contemporáneas de Edipo rey", *Araucaria. Revista Iberoamericana de Filosofía, Política y Humanidades*, año 20, n. 39.

Laleff Ilieff, Ricardo. 2022a. "Hegel, el héroe y el derecho", en Cecilia Abdo Férez y Miguel Rossi (comp.) *El punto sobre la i. Repensar la Filosofía del derecho de Hegel*. Buenos Aires: Eudeba.

Laleff Ilieff, Ricardo. 2022b. *Poderes de la abyección. Política y ontología lacaniana I*. Buenos Aires: Miño y Dávila.

Landi, Oscar. 2003. "El secreto y la política", *Revista Sociedad*, N° 20/21.

Loraux, Nicole. 2003. *Las experiencias de Tiresias. Lo femenino y el hombre griego*. Buenos Aires: Biblos.

Ludueña Romandini, Fabián. 2010. Antropotecnia. La comunidad de los espectros. I. Buenos Aires: Miño y Dávila.

Ludueña Romandini, Fabián. 2018. Arcana imperii. Tratado metafísico-político. La comunidad de los espectros III. Buenos Aires: Miño y Dávila.

Meinecke, Friedrich. 2014. La idea de la razón de Estado en la Edad Moderna. Madrid: Centro de Estudios Constitucionales.

Mendoza Solís, Emiliano. 2013. "El lenguaje abismal. La mística del lenguaje en Walter Benjamin", Acta Poética, N. 34, Vol. 1

Miller, Jacques-Alain. 1990. "Michel Foucault y el psicoanálisis" en AA.VV. Michel Foucault, filósofo. Barcelona: Gedisa.

Miller, Jacques-Alain. 2013. El ultimísimo Lacan. Buenos Aires: Paidós.

Monge, Julia. 2015. "El malestar en la ciudad: política de la verdad y tragedia en la lectura foucaultiana de Edipo Rey", Anacronismo e Irrupción, Vol. 5 N. 8.

Nosetto, Luciano. 2018-2018. "Secretos de Estado. Actualización teórica y reflexiones sobre el caso argentino", STUDIA POLITICAE, N. 45.

Ottonello, Rodrigo 2021. "Materialismo desde un punto de vista idealista en la filosofía de Platón", Anacronismo e Irrupción, Vol. 11 N. 21.

Paduano, Guido. 2018. Edipo. Storia di un mito. Roma: Carocci.

Palti, Elías. 2010. "Hegel y la cancelación de lo Real. El 'sujeto hegeliano-lacaniano' visto desde una perspectiva histórico-intelectual", STUDIA POLITICAE, N. 20.

Palti, Elías. 2018. Arqueología de lo político. Regímenes de poder desde el siglo XVII. Buenos Aires: FCE.

Panea Márquez, José. 2020. "M. Foucault: poder, perspectiva y verdad en Edipo Rey de Sófocles", Daimon. Revista Internacional de Filosofía, N. 80.

Perniola, Mario. 2016. Tiresias. Devenir-mujer. Buenos Aires: Las cuarenta.

Platón. 2005. *República*. Buenos Aires: Eudeba.

Preterossi, Geminello. 2009. *Teologia politica e diritto*. Roma-Bari: Laterza.

Raffin, Marcelo. 2015. "La verdad y las formas políticas: la lectura temprana de la tragedia de Edipo en Michel Foucault", *Anacronismo e Irrupción*, Vol. 5 N. 8.

Rancière, Jacques. 1996. *El desacuerdo. Política y filosofía*. Buenos Aires: Nueva Visión.

Rawls, John. 2001. El derecho de gentes y "una revisión de la idea de razón pública". Barcelona: Paidós.

Rawls, John. 2006. El liberalismo político. México: FCE.

Reinhardt, Karl. 1991. Sófocles. Barcelona: Destino.

Rinesi, Eduardo. (2011). Política y tragedia. Hamlet, entre Maquiavelo y Hobbes. Buenos Aires: Colihue.

Safouan, Moustapha. 1986. Estudios sobre el Edipo. México: Siglo XXI.

Said, Edward. 1995. Orientalismo. Barcelona: Debate.

Schmitt, Carl. 2003. La dictadura: desde los comienzos del pensamiento moderno de la soberanía hasta la lucha de clases proletaria. Madrid: Alianza.

Schmitt, Carl. 2009. Teología política. Madrid: Trotta.

Segal, Charles. 1993. Oedipus Tyrannus. Tragic Heroism and the Limits of Knowledge. Nueva York: Twayne Publishers.

Segal, Charles. 1995. *Sophocles' Tragic World. Divinity, Nature, Society*. Cambridge: Harvard University Press.

Séneca. (1980). "Edipo" en *Tragedias II*. Madrid: Gredos.

Senellart, Michel. 2003. "Secret et publicité dans l'art gouvernemental des XVII ème et XVIII ème siècles", *Quaderni, n°52*.

Settala, Ludovico. 1988. *La razón de Estado*. Madrid: FCE.

Slimobich, José. 2011. "Él no lo sabía: discurso y escritura" en Jacques-Alain Miller (comp.) *Del Edipo a la sexuación*. Buenos Aires: Paidós.

Sófocles. 1997. *Edipo rey* [traducción de Assela Alamillo]. Madrid: Planeta de Agostini.

Sófocles. 2012. "Edipo rey" [traducción de Carlos García Gual] en Carlos García Gual. Enigmático Edipo. Mito y tragedia. Madrid: FCE.

Stavrakakis, Yannis. 2010. *La izquierda lacaniana: psicoanálisis, teoría, política*. Buenos Aires: FCE.

Tácito. 2012. *Historias*. Madrid: Gredos.

Van der Sterren, Driek. 1976. *Oedipe, une étude psychanalytique d'après les piéces de Sophocle*. París: PUF.

Vernant, Jean Pierre. (2000). *El universo, los dioses, los hombres. El relato de los mitos griegos*. Barcelona: Anagrama.

Vernant, Jean Pierre. (2002). "Ambigüedad e inversión. Sobre la estructura enigmática del *Edipo Rey*" en Jean Pierre Vernant y Pierre Vidal-Naquet. *Mito y tragedia en la Grecia antigua*, Vol. I. Madrid: Paidós.

Weber, Max. 2014. *Economía y sociedad*. Buenos Aires: FCE.

Žižek, Slavoj. 2016. El sublime objeto de la ideología. Buenos Aires: Siglo XXI.

Zupančič, Alenka. 2008. *Why Psychoanalysis? Three Interventions*. Uppsala: NSU Press.